Vivre la pédagogie du projet collectif

Collectif Morissette-Pérusset

Marie-Thérèse Ferdinand
Louise Lorrain
Pierrette L. Morissette
Christine Pérusset
Andrée Rouleau
Lucie Sarrasin
Louise Soucy
Jeannine Veilleux

Chenelière/McGraw-Hill
MONTRÉAL • TORONTO

Vivre la pédagogie du projet collectif

Collectif Morissette-Pérusset

© 2000 Les Éditions de la Chenelière inc.

Coordination: Lara Langlais
Révision linguistique: Michelle Martin
Correction d'épreuves: Isabelle Rolland
Infographie: Alphatek inc.
Conception graphique et couverture: Josée Bégin

Données de catalogage avant publication (Canada)

Vedette principale au titre:

Vivre la pédagogie du projet collectif

Comprend des réf. bibliogr.

ISBN 2-89461-297-4

1. Enseignement — Méthode des projets. I. Collectif Morissette-Pérusset.

LB1027.43.V58 1999   371.3'6   C99-941125-X

Chenelière/McGraw-Hill
7001, boul. Saint-Laurent
Montréal (Québec)
Canada H2S 3E3
Téléphone: (514) 273-1066
Télécopieur: (514) 276-0324
chene@dlcmcgrawhill.ca

ISBN 2-89461-297-4

Dépôt légal: 1er trimestre 2000
Bibliothèque nationale du Québec
Bibliothèque nationale du Canada

Imprimé au Canada

1 2 3 4 5   04 03 02 01 00

L'Éditeur a fait tout ce qui était en son pouvoir pour retrouver les copyrights. On peut lui signaler tout renseignement menant à la correction d'erreurs ou d'omissions.

Nous reconnaissons l'aide financière du gouvernement du Canada par l'entremise du Programme d'Aide au Développement de l'Industrie de l'Édition pour nos activités d'édition.

À tous nos élèves, qui nous permettent de grandir,
d'évoluer et d'apprendre avec eux.
À nos familles, qui nous ont appuyées et encouragées
tout au long de ce processus d'écriture.
Aux enseignantes, qui s'interrogent continuellement
en vue d'adapter l'éducation au monde de demain.
À tous les enfants, afin que chacun puisse dire:
« Tu sais... notre projet... j'en suis responsable, j'en suis fier ! »

Préface

Je considère comme un honneur le fait qu'on m'ait demandé de rédiger la préface de cet ouvrage, moi, un universitaire qui œuvre depuis près de vingt-cinq ans en formation initiale et continue des enseignants. On reproche souvent aux universitaires, et parfois avec raison, d'être loin de la pratique, de tenir un discours difficilement accessible, axé sur le développement d'un savoir scientifique qui apporte peu au développement de l'enseignement comme champ de savoirs professionnels. Ce constat a amené plusieurs personnes à proposer de nouveaux modèles de recherche dans lesquels chercheurs et praticiens agiraient en partenariat et en interaction. Qu'on y parle de recherche-action, de recherche collaborative ou d'approche réflexive, ils ont le mérite de placer universitaires et enseignants sur un pied d'égalité. Ensemble, ces gens ont essayé de développer une approche dans laquelle on ferait de la recherche pour l'éducation, de la recherche visant à résoudre des problèmes et à faire avancer la pratique de l'enseignement, et pas seulement de la recherche en éducation ou sur l'éducation. C'est dans un tel contexte qu'a surgi l'idée de *Vivre la pédagogie du projet collectif,* dont le mérite revient toutefois entièrement à ses auteures et à elles seules.

C'est au printemps de 1991 que j'ai rencontré pour la première fois ce groupe d'enseignantes et de conseillères pédagogiques de la Commission des écoles protestantes du Grand Montréal. Une préoccupation commune les avait fait se réunir: l'amélioration de leur pratique. Ensemble, elles avaient finalement décidé de s'inscrire à un programme d'études avancées qui semblait pouvoir répondre à leurs besoins, puisqu'il s'intitulait « Diplôme d'intégration de la recherche à la pratique éducative ». C'est en septembre 1991 qu'avec trois autres collègues – Charles de Flandre et Gabriel Goyette de l'Université du Québec à Montréal et Monique – je me suis joint au groupe dans une démarche de questionnement et d'expérimentation que nous avions, d'un commun accord, axée sur la pédagogie de projet.

Rapidement, nous avons convenu ensemble qu'il ne suffisait pas de parler de cette approche pédagogique et que, pour bien l'intégrer, il nous fallait la vivre nous-mêmes. C'est ainsi qu'a été réalisé le premier projet, dont le but était de créer un esprit de groupe. Ce n'était toutefois qu'un essai. Le véritable projet qui nous a ensuite animés pendant trois ans, avec ses hauts et ses bas, a émergé d'une volonté ferme des participantes de vouloir faire en sorte que le rapport qu'elles devaient produire dans le cadre de ce programme soit plus qu'un rapport qui dormirait ensuite sur les rayons de la bibliothèque de l'université. Elles tenaient à ce que le fruit de leurs réflexions et de leurs expérimentations puisse servir. De là est né le projet d'écrire un livre sur la pédagogie de projet, ce livre que vous avez entre les mains, *Vivre la pédagogie du projet collectif.* Le titre de l'ouvrage est pleinement justifié, car en soi l'œuvre est aussi le résultat d'une démarche de projet collectif. Mais il s'agit bien de leur projet collectif, parce que c'est un projet qu'elles ont mené à terme, quelques années plus tard, sans notre aide, puisque finalement, au bout de trois ans, chacune avait produit son rapport pour l'université.

Bien entendu, l'expérience ne s'est pas avérée toujours facile. Chacun à son tour, les membres du groupe ont eu à faire face à des obstacles, comme les contraintes d'un programme universitaire, ont eu à résoudre des problèmes et ont connu des moments de doute. Toutefois, je peux affirmer que l'expérience fut des plus riches et profitables. Nous, les intervenants de l'université, avons autant appris des enseignantes que celles-ci ont pu le faire de nous. Le véritable maître était le groupe. Je n'en suis pourtant pas à mes premières armes dans des expériences de pédagogie de projet, mais ce projet a été pour moi une occasion d'explorer et de découvrir, à partir de ce que vivaient les enseignantes dans leur classe, les richesses et les possibilités de cette approche pédagogique à laquelle j'adhère plus que jamais. On y retrouve, en effet, tous les éléments d'une pédagogie motivante. Lorsqu'on questionne des élèves du primaire chez qui on a remarqué une augmentation de la motivation, comme l'a fait Karsenti dans sa thèse de doctorat (UQAM, 1998), on constate qu'ils parlent de ce qu'ils font en classe en disant qu'ils ont du pouvoir, qu'ils se trouvent bons, qu'ils ont du plaisir et qu'ils trouvent qu'ils font partie d'un groupe dont ils sont fiers. Et ce qu'une fois sur deux ils mentionnent, c'est le fait de percevoir qu'ils ont le pouvoir parfois de choisir, de décider, d'être en contrôle, le fait de sentir en somme qu'ils ont un certain pouvoir sur ce qu'ils font. Ces caractéristiques correspondent à la pédagogie décrite dans ce livre.

Vivre la pédagogie du projet collectif n'est pas un ouvrage théorique. Il ne s'agit pas non plus d'un livre de « recettes » pédagogiques. Les principes, les stratégies et les techniques qu'on y propose sont fondés sur ce qu'on présente comme les concepts essentiels de cette approche, concepts qui sont bien expliqués et bien documentés. Certains de ces concepts, telles la coréflexion et la consignation, constituent des innovations par rapport à ce qui a été écrit sur cette pédagogie. On y a également intégré plusieurs éléments des approches de résolution de problèmes et de l'apprentissage coopératif tout en sachant en dépasser les limites. Par la suite, on y explique de manière détaillée comment mettre en œuvre une telle pédagogie. La présentation est ponctuée de questions ou d'objections qu'une enseignante pourrait soulever. Les réponses sont honnêtes, et jamais on ne cherche à présenter la pédagogie du projet collectif comme une panacée. Au contraire, les témoignages individuels que les auteures nous livrent dans la dernière partie du volume démontrent bien qu'il s'agit d'une pédagogie à la fois exigeante et exaltante.

En ces années de réforme du curriculum de l'école québécoise, *Vivre la pédagogie du projet collectif* se révèle un livre optimiste, plein d'espoir pour la génération des enfants qui fréquentent actuellement l'école primaire. Mon plus grand souhait, c'est qu'ils puissent retrouver un tel esprit d'engagement à leur entrée à l'école secondaire.

Gilles Thibert
Professeur
Département des sciences de l'éducation
Université du Québec à Montréal

Avant-propos

Les problèmes inhérents à la société moderne ont des répercussions dans le système d'éducation. La multiplication des familles monoparentales, la précarité des emplois, la diversité culturelle, les mouvements migratoires, sans oublier le culte de l'excellence et de la haute performance, voilà quelques phénomènes qui ne cessent de bouleverser le monde scolaire.

Aussi la classe se révèle-t-elle de plus en plus une mosaïque de besoins, de sensibilités, d'émotions, d'aspirations, bref, un climat où l'enseignement monolithique et unilatéral peut facilement tourner en fiasco. L'accroissement du décrochage, les rendements médiocres et la violence endémique constituent les indices d'un profond malaise, ou plutôt d'une incohérence entre la réalité sociale contemporaine et les méthodes d'enseignement.

Devant cette situation, des enseignantes et des conseillères pédagogiques se sont concertées pour essayer de trouver une solution efficace à ces problèmes dont elles sont les témoins. Dans le cadre d'une recherche-action, le groupe a scruté les fondements théoriques de la pédagogie de projet. Et à la suite d'un cheminement relativement long ponctué de réflexions, de remises en question, d'expérimentations et d'échanges, il a décidé de vivre un projet collectif. Cet ouvrage en est la concrétisation. Il est destiné aux enseignantes de l'éducation préscolaire et du primaire, et spécialement à toutes les personnes intéressées à la pédagogie du projet collectif.

Notre approche en pédagogie du projet collectif ne saurait être une panacée éducative. Elle représente plutôt pour nous une méthodologie parmi d'autres en pédagogie de projet. Elle a été expérimentée par plusieurs enseignantes et a donné des résultats très invitants.

Certes, dans le contexte de la globalisation et de la mondialisation, les problèmes liés à l'apprentissage prennent une dimension universelle. Espérons que ce livre sera utile et pourra inspirer les enseignantes du Québec et d'ailleurs. Quant aux élèves, si cette façon d'apprendre leur permet de mieux cheminer vers leur autonomie et leur donne un regain de joie et d'espoir, nos désirs seront comblés.

Remerciements

Nous tenons à remercier les élèves, les parents, les enseignantes et tous ceux qui, par leurs suggestions, leur participation, leur questionnement ou leur soutien, ont contribué à la réalisation de ce livre.

Nos remerciements vont également à la Commission des écoles protestantes du Grand Montréal, qui a facilité la publication du matériel pédagogique mentionné ci-dessous portant sur la pédagogie de projet. Merci à Louise Binet, qui faisait partie de notre équipe lors de l'élaboration de « La pédagogie de projet », document à l'origine de cet ouvrage, ainsi qu'à Natalie Addisson, pour la conception graphique de ce même document. Merci à toutes les personnes qui ont collaboré avec certaines d'entre nous à la rédaction des documents de travail « Rallye », « Rencontres » et « Trait d'union » : Judith Bourke, Catherine Faure, Guylaine Paquette, Christiane Périn, Claude Saucier et Carole Touchette. Nous tenons à souligner la contribution de Catherine Faure et de Marie Leroux à la réflexion, l'expérimentation et la rédaction d'un document intitulé « L'évaluation en pédagogie de projet ».

Nous remercions aussi chaleureusement toutes les personnes qui ont pris le temps de lire notre manuscrit et de nous encourager par leurs critiques constructives : Catherine Faure, Céline Godbout, Thérèse Hurtubise, Brigitte Martin, Christiane Périn, Louise Perreault, Claude Saucier et Carole Touchette.

Table des matières

Introduction

C'est en voulant apporter des solutions aux différents problèmes vécus dans nos classes que nous avons décidé d'explorer la pédagogie de projet. En effet, cette pédagogie semblait répondre à nos besoins, car elle s'éloignait de l'enseignement traditionnel pour permettre à l'élève de construire ses apprentissages à partir de ses intérêts à travers des projets choisis collectivement.

Nous avons exploré les fondements théoriques de la pédagogie de projet, nous l'avons mise en application et, après de nombreuses discussions, nous l'avons redéfinie tout en lui greffant une approche évaluative continue. Vous verrez au chapitre 1 les concepts essentiels de cette pédagogie. Le chapitre 2 vous présente le projet collectif, et le chapitre 3 en explique le déroulement. Nous avons cru bon de vous faire part de nos expérimentations ainsi que de certaines de nos réflexions au chapitre 4 pour démontrer nos processus d'appropriation et d'application de cette démarche.

Dans ce livre, vous trouverez des précisions sur le consensus, l'autodiscipline, la cogestion, la coréflexion, la coévaluation sans oublier le rôle de l'enseignante.

La pédagogie du projet collectif s'avère une approche qui, sans répondre à tous les besoins actuels en éducation, offre d'excellentes pistes. Par une tâche envisagée collectivement, orientée vers un but commun, accomplie dans un esprit de coopération et conduisant à une production concrète communicable, nos élèves atteignent des objectifs d'apprentissage et de développement personnel et social tant sur le plan collectif que sur le plan individuel. Ils développent des compétences en regard des différents programmes ministériels et font des apprentissages transférables dans leur milieu de vie. Telle est la pédagogie du projet collectif que nous vous incitons à explorer.

Les concepts essentiels

Proposer des moyens pour répondre à différents besoins

Partager son pouvoir

Redéfinir son concept de la discipline et des règles de vie

Résoudre des problèmes

Intégrer l'apprentissage coopératif

Transformer ses pratiques évaluatives

D ans nos classes, nous avons souvent entrepris des projets de recherche sur des sujets d'intérêt comme les animaux, les planètes, les pays... Nous avons organisé des sorties, des visites au planétarium, des classes vertes, des classes-neige et autres activités spéciales. La plupart du temps, nous planifiions le projet de recherche et les parents aidaient leur enfant à le réaliser à la maison. Ces projets étaient vus comme des moments agréables à passer en compagnie des élèves. Cependant, les apprentissages réalisés n'étaient pas nécessairement planifiés ni évalués avec eux. Ils étaient perçus comme des activités d'enrichissement.

Nous étions conscientes que ces projets suscitaient l'intérêt et la motivation des élèves et nous constations que c'était plutôt à travers leurs essais et leurs erreurs qu'ils apprenaient. Nous cherchions à accroître la participation de nos élèves, à mettre à leur disposition des moyens d'apprendre, de réussir et de devenir plus autonomes face à leurs apprentissages. Nous voulions rendre chaque élève capable de construire ses apprentissages. Il nous fallait donc trouver une approche pédagogique qui nous permettrait d'interagir avec l'élève, d'observer comment il apprend et de le mettre dans des situations où il aurait des problèmes à résoudre seul et avec d'autres. Nous devions aussi intégrer les objectifs d'apprentissage et de développement personnel et social aux projets et trouver des moyens de les évaluer.

À ce sujet, une auteure a retenu tout particulièrement notre attention. Altet a fait une synthèse de tous les théoriciens intéressés par les pédagogies de l'apprentissage. Cette auteure inscrit la pédagogie de projet comme l'une de ces pédagogies. Nous retenons que Mialaret, Vial, Legrand et GFEN (Groupe français d'éducation nouvelle) ont aussi contribué à élaborer la conception contemporaine de la pédagogie de projet. Ils poursuivaient les recherches amorcées par leurs précurseurs, tels Dewey, Claparède, Cousinet, Freinet, Skinner et Bloom.

Nous avons aussi consulté les travaux d'auteurs plus près de nous comme Angers, Bouchard et Francœur-Bellavance. Les pédagogies de l'apprentissage reflètent bien nos préoccupations lorsqu'elles parlent de stratégies cognitives et métacognitives permettant à l'élève de mieux comprendre sa propre façon d'apprendre.

> Ces pédagogies cherchent à développer les stratégies cognitives et métacognitives de l'élève, tentent d'aider l'élève à développer sa capacité d'apprendre, de réfléchir et à les exercer seul. Après avoir outillé l'élève, le pédagogue s'efforce de l'amener à réfléchir par lui-même, à construire son autonomie.
>
> *Altet (1997), p. 23.*

Nous devions donc mettre en place des conditions facilitantes qui allaient permettre à l'élève d'être le premier agent de ses apprentissages en lui proposant une pédagogie qui l'aiderait à se construire dans sa globalité. Dès sa rentrée à l'école, ses enseignantes doivent lui donner les moyens de s'engager dans ses apprentissages.

> Il leur faut aider ceux et celles qu'ils éduquent à développer leurs ressources intellectuelles et cognitives, à faire confiance en ces ressources. Il leur faut les aider à devenir capables de s'affirmer, de s'engager, de dire ce qu'ils pensent vraiment, de la manière dont ils le pensent, de mieux le dire au sein de la collectivité et de la société dont ils font partie.
>
> *Caouette (1997), p. 91.*

Tout au long de nos expérimentations en pédagogie de projet, nous avons remarqué que l'élève devient conscient de ce qu'il apprend, de la façon dont il apprend et de ce qu'il devra apprendre sur lui, sur les autres et sur les tâches qu'il doit réaliser.

Devant la rapidité avec laquelle la société se transforme, l'école est à la recherche de moyens d'aider l'élève à devenir non seulement un être autonome, mais aussi un membre de la société capable de s'adapter à ces changements. Nous croyons que l'apprentissage fondamental qu'un élève doit faire à l'école est celui de devenir autonome sur les plans cognitif, affectif et social. Développer son autonomie ne va pas sans réfléchir sur les responsabilités et les conséquences inhérentes au fait même de faire des choix, que ceux-ci soient individuels ou collectifs.

> L'éducation est un processus complexe, multidimensionnel et à long terme par lequel on aide un individu ou une collectivité à accéder au maximum d'autonomie, c'est-à-dire de liberté responsable, et au développement optimal de toutes ses ressources.
>
> *Caouette (1992), p. 16.*

Pour aider l'élève à développer son autonomie, nous avons dû apprendre à lui laisser « une place » et cela nous a conduites à :

1. proposer des moyens pour répondre à différents besoins ;
2. partager notre pouvoir ;
3. redéfinir notre concept de la discipline et des règles de vie ;
4. lui faire résoudre des problèmes ;
5. intégrer l'apprentissage coopératif ;
6. transformer nos pratiques évaluatives.

Toutes nos lectures, les discussions à l'intérieur de notre groupe de travail, nos essais ainsi que les échanges que nous avons eus avec d'autres enseignantes nous ont permis de conceptualiser l'approche que nous vous présentons dans ce livre. Toutefois, il est important de spécifier que cet ouvrage s'inscrit, pour nous, dans un processus continu d'apprentissage et de construction de notre savoir. C'est par nos essais et l'analyse de nos erreurs que nous avons progressé en pédagogie de projet.

Proposer des moyens pour répondre à différents besoins

Dans nos classes, nous étions préoccupées par les apprentissages que réalisait chaque élève et nous cherchions des réponses à certaines de nos préoccupations telles que l'harmonisation des différents rythmes d'apprentissage et l'harmonisation des différents milieux socio-économiques et culturels. Certains auteurs, pour répondre aux différents besoins de nos élèves, proposent des pistes de réflexion.

Comment identifier une pédagogie permettant à des élèves de différents milieux et de cultures diverses de pouvoir s'adapter et s'épanouir dans une atmosphère de compréhension et de respect mutuels, favorisant ainsi des relations harmonieuses ?

> La pédagogie qui serait la plus favorable aux enfants défavorisés serait celle qui prendrait en considération la culture de ces enfants-là, dans son originalité et sa richesse, et qui s'en servirait de base pour les emmener sur le chemin d'autres découvertes, d'autres connaissances.
>
> *Baratier (1984), p. 81.*

Comment aider chaque élève, quel que soit son mode de vie à la maison, à se retrouver dans ses préoccupations et ses aspirations personnelles ?

> Le principe de base qui doit présider à la mise en place de la pédagogie différenciée consiste à multiplier les itinéraires d'apprentissage en fonction des différences existant entre les élèves, tant sur le plan de leurs connaissances antérieures, de leurs profils pédagogiques, de leurs rythmes d'assimilation, que de leurs cultures propres et de leurs centres d'intérêt.
>
> *Meirieu, cité dans Altet (1997), p. 75.*

Comment le travail de classe peut-il s'avérer une source d'expériences enrichissantes qui entraînent l'élève à la résolution de problèmes en respectant sa manière d'apprendre et son rythme d'apprentissage ?

> La diversité ne doit donc plus être considérée uniquement comme un handicap, mais peut devenir une base qui permettra d'obtenir de bien meilleurs résultats et qui, quelquefois, mettra en évidence les richesses de chacun.
>
> *De Vecchi (1992), p. 168.*

Notre expérience en pédagogie de projet nous permet de constater que celle-ci convient à des élèves qui, dans une même classe, diffèrent tant par leur âge, leur conception du monde, leur profil d'apprentissage, les stratégies qu'ils utilisent, etc. Par la diversité des tâches demandées, elle permet à l'élève d'accroître sa motivation et d'apprendre à apprendre avec les autres.

> La mise en projet des élèves est un instrument éducatif de première importance, qui a souvent été utilisé avec succès auprès d'élèves difficiles.
>
> *Rey (1998), p. 43-44.*

La pédagogie de projet permet de tenir compte des intelligences multiples. C'est la contribution et la valorisation de toutes ces manières d'apprendre qui favorisent la réussite d'un projet et l'engagement de l'élève dans ses apprentissages. Un des plus récents chercheurs dans le domaine de l'intelligence, Gardner (1996, p. 41), mentionne que «tous les individus disposent d'un répertoire de compétences pour résoudre différents types de problèmes». Armstrong, dans *Les intelligences multiples dans votre classe,* reprend la description que Gardner fait des sept catégories ou types d'intelligence :

- l'élève plus à l'aise avec la musique a probablement une **intelligence musicale** ;
- l'élève plus à l'aise avec les mouvements a probablement une **intelligence kinesthésique** ;
- l'élève plus à l'aise avec le raisonnement, la logique a probablement une **intelligence logico-mathématique** ;
- l'élève plus à l'aise avec les mots a propablement une **intelligence linguistique** ;
- l'élève plus à l'aise avec les illustrations a probablement une **intelligence spatiale** ;
- l'élève plus à l'aise avec le travail en équipe a probablement une **intelligence interpersonnelle** ;
- l'élève plus à l'aise avec le travail individuel a probablement une **intelligence intrapersonnelle.**

Il est important que l'enseignante comprenne les intelligences multiples et qu'elle les reconnaisse chez chaque élève. Il est aussi essentiel qu'elle amène l'élève à découvrir ses intelligences afin que ce dernier puisse savoir comment il apprend, comment il les développe et les utilise pour s'aider et aider ses pairs à apprendre.

Nous retrouvons ce même souci de l'individuation dans la philosophie de la pédagogie de projet. Elle fait appel à des stratégies qui rendent l'élève capable de reconnaître ses besoins, ses préoccupations, ses intérêts, de choisir et de mener à terme les projets qui lui permettront d'atteindre une satisfaction personnelle.

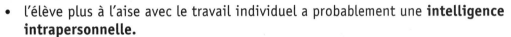

> La pédagogie de projet s'intéresse à l'enfant tout entier et à toutes ses dimensions : elle s'intéresse à ses sentiments, à ses goûts, à ses attitudes, à son originalité, à sa créativité. Elle considère chaque enfant comme une personne originale avec ses aspirations et ses capacités, mais aussi comme un être social avec des droits et des privilèges, avec des devoirs et des responsabilités.
>
> *Angers et Bouchard (1984), p. 20.*

Lors de nos expérimentations, nous avons remarqué chez l'élève que :

- le projet lui permet de développer son sentiment d'appartenance, lui donne l'occasion de mieux se connaître et de se confronter aux autres ;
- le processus de prise de décision lui permet d'assumer un certain pouvoir sur son environnement immédiat et surtout sur ses apprentissages ;
- l'autoévaluation et l'évaluation de ses pairs et de ses parents lui donnent l'occasion de percevoir son rôle social et d'apprendre à s'évaluer comme apprenant. Cela lui permet d'être valorisé pour ses différences et son apport au projet ;
- la reconnaissance de ses talents, de ses ressources et de ses limites lui permet de mieux se connaître et l'amène vers l'acceptation de soi.

La pédagogie de projet peut donc permettre à l'élève de faire des apprentissages authentiques, c'est-à-dire des apprentissages qu'il peut réutiliser dans la vie de l'école ou hors de l'école. Ceux-ci favorisent le développement de son estime de soi.

> [...] des apprentissages authentiques contribuent à épanouir la personnalité,
> à élargir les horizons de la conscience, à augmenter le savoir-faire.
>
> *Angers et Bouchard (1984), p. 13.*

LECTURES SUGGÉRÉES

ARMSTRONG, Thomas (1999) – *Les intelligences multiples dans votre classe*. Montréal, Éditions Chenelière/McGraw-Hill, 183 pages.

CAMPBELL, Bruce (1999) – *Les intelligences multiples*. Montréal, Éditions Chenelière/McGraw-Hill, 159 pages.

GARDNER, Howard (1996) – *Les intelligences multiples*. Paris, Éditions Retz, 236 pages.

Partager son pouvoir

Un des principes de la pédagogie de projet est de faire confiance à l'élève comme premier agent de ses apprentissages. La réalisation d'un projet lui permet d'accroître son  estime de soi et de vivre en harmonie avec lui-même. La prise de décision et l'implication de l'élève à l'intérieur d'un groupe favorisent l'atteinte des objectifs qu'il vise et lui permettent de prendre en charge ses apprentissages, d'où l'importance pour l'enseignante d'apprendre à partager son pouvoir.

> Glasser souligne que les enseignants qui deviennent des dirigeants modernes seraient disposés à partager leur pouvoir.
>
> *Gordon (1990), p. 156.*

Inciter les élèves, le plus souvent possible, à prendre des décisions et à faire des choix, petits et grands, c'est leur apprendre à exercer leur pouvoir et apprendre à l'enseignante à partager le sien.

> Engager la personne dans des situations risquées, lui faire évaluer les conséquences de ses décisions, l'engager à tenir ses promesses, lui faire assumer des situations difficiles, l'entraîner dans des projets pleins d'inattendus et ce, à moyen terme, créer des situations non seulement probables mais aussi possibles ; cela l'aide inévitablement à s'engager et à « négocier » sa place dans la société.
>
> *Morin et Brief (1995), p. 198.*

Cela ne se fait pas du jour au lendemain. C'est par une ouverture d'esprit, par une remise en question de tous les instants et en acceptant de prendre des risques que l'enseignante peut y arriver.

Voici comment nous avons permis aux élèves d'exercer leur pouvoir dans nos classes :

- en les laissant chercher des réponses à leurs questions ;
- en les faisant participer à la planification des activités de la journée ;
- en leur permettant d'expérimenter l'insécurité devant une tâche à accomplir ;
- en les amenant à s'interroger sur le pourquoi de leurs actes ;
- en les laissant faire des erreurs et en les incitant à réfléchir sur ce qu'ils ont appris en faisant ces erreurs ;
- en les encourageant à trouver eux-mêmes les solutions à leurs problèmes ;
- en leur apprenant à évaluer les actes posés, etc.

Partager son pouvoir n'est pas une mince affaire. La société, les parents, les administrateurs, les directeurs ou les collègues nous renvoient souvent l'image de l'enseignante maîtrisant parfaitement sa classe. Briser ce modèle demande une bonne dose de confiance en soi de la part de l'enseignante. En partageant son pouvoir avec l'élève, l'enseignante lui prouve qu'elle a confiance en lui et lui donne la possibilité d'agir.

Dans notre pratique, nous avons constaté que, plus nous « relâchons » notre pouvoir, plus les élèves s'engagent dans leurs apprentissages et prennent leur place en exerçant leur propre pouvoir et plus ils veulent de pouvoir. Cela est évident, troublant et inquiétant, mais en même temps enthousiasmant. Les retombées positives nous portent à faire les observations suivantes :

- l'élève est plus motivé lorsqu'il décide lui-même ;
- il se plie plus facilement aux règles de vie lorsqu'il les a établies avec le groupe ;
- il écoute mieux lorsqu'il désire entendre ses camarades ;
- il écrit ou lit avec plus d'enthousiasme lorsqu'il veut tirer de l'information ou communiquer ;
- il se découvre souvent des capacités insoupçonnées ;
- il démontre de l'impatience à faire démarrer de nouveaux projets.

Les relations entre les élèves changent. Les élèves commencent à accepter, sans se blesser, les faiblesses de chacun et à être capables de reconnaître leurs forces et de s'en servir selon leurs besoins. Il se produit une réaction en chaîne, comme des dominos qui tombent l'un à la suite de l'autre : le climat de la classe change, l'enseignante change et son rôle se modifie, l'élève change... et l'harmonie s'installe.

LECTURES SUGGÉRÉES

BRIEF, Jean-Claude (1995) – *Savoir, penser et agir : Une réhabilitation du corps*. Montréal, Éditions Logiques, 189 pages.

MORIN, Jocelyne, et Jean-Claude BRIEF (1995) – *L'autonomie humaine : Une victoire sur l'organisme*. Montréal, Presses de l'Université du Québec, 214 pages.

Redéfinir son concept de la discipline et des règles de vie

En pédagogie de projet, nous tentons d'apprendre à l'élève à se responsabiliser par rapport à la discipline et aux règles de vie, autrement dit nous tentons de conduire chaque élève sur le chemin de l'autodiscipline. Les objectifs de l'autodiscipline sont en général présentés comme suit :

- respecter le droit des autres ;
- développer le sens des responsabilités ;
- s'adapter aux exigences de diverses situations ;
- assumer ses obligations et résoudre des problèmes.

> La discipline imposée obtient des résultats immédiats grâce à la peur, la soumission et la dépendance. Difficile de former ainsi des adultes courageux, créatifs et autonomes dans leur vie personnelle, sociale et professionnelle !
>
> Quand on veut « obtenir » un comportement ou une attitude d'un enfant, on a deux moyens d'y parvenir : le forcer ou l'influencer. Le motiver demande plus de communication, d'écoute, d'authenticité, de confiance et de soutien.
>
> Ces éléments sont indispensables pour aider l'enfant à construire une solide estime de soi, élément clé d'une personnalité accomplie et d'une vie réussie.
>
> *Gordon (1990), p. 7.*

Discipliner, selon Coloroso (1997), se résume en quatre étapes : conscientiser l'élève au problème qu'il a créé, lui permettre d'assumer la responsabilité de son problème, lui permettre de trouver des solutions pour le résoudre et garder sa dignité intacte. Cette auteure souligne l'importance pour l'enseignante d'apprendre à s'impliquer auprès de l'élève et à l'influencer positivement vers une auto-discipline plutôt que d'essayer de le contrôler et d'exercer un pouvoir sur lui. Elle propose d'apprendre à l'élève comment penser plutôt que de lui montrer quoi penser. En le laissant prendre ses propres décisions, lorsque cela est possible, et en lui expliquant comment vivre ses émotions et ses problèmes, l'enseignante lui donne le pouvoir de s'autodiscipliner.

Fugitt (1984) définit l'enseignante comme un être humain avant tout qui cherche à aider d'autres humains à se réaliser, à devenir plus pleinement eux-mêmes. Nous n'avons aucun pouvoir de changer les autres, dit-elle. Notre seul pouvoir, c'est celui de se changer soi-même. Lorsque nous arrivons à nous changer un peu, nous pouvons mieux comprendre que les autres ont ce même pouvoir et qu'ils changent dès qu'ils sont prêts à le faire ou qu'ils trouvent des conditions propices.

Coloroso (1997) mentionne que nos actions entraînent naturellement des conséquences et que les interventions doivent être des conséquences raison-nables reliées de façon intrinsèque aux actions des élèves. L'apprentissage des conséquences naturelles doit se faire sans harcèlement, rappel constant ou avertissement provenant de l'adulte. Nous pouvons laisser l'élève les vivre si elles ne menacent pas sa vie, sa santé et si elles sont moralement acceptables pour lui et les autres.

Tout comme Coloroso et Fugitt, nous constatons que, pour devenir auto-discipliné, un élève doit goûter aux bonnes conséquences de ses gestes, de même qu'aux moins bonnes afin d'apprendre de celles-ci. C'est pourquoi il est important d'investir du temps pour inculquer à nos élèves l'habitude de réfléchir, pour les amener à penser et à agir de façon critique, créative et autonome. Une conséquence n'est ni une punition ni une récompense donnée par quelqu'un ; c'est le bon ou le moins bon résultat qui découle de nos actes et qui permet d'apprendre à s'adapter pour s'améliorer. Il faut la vivre et l'assumer au fur et à mesure que nous grandissons et évoluons afin qu'elle soit proportionnelle à ce que l'on est capable de vivre au moment présent.

Pour y arriver, il est essentiel de discuter des conséquences naturelles reliées aux différents comportements au fur et à mesure qu'un problème se pose. À partir de cette réflexion, il faut établir collectivement les règles de vie et les conséquences agréables et désagréables qui permettent de fonctionner dans un climat sain et productif.

Nous constatons que la pédagogie de projet favorise l'autodiscipline chez l'élève en développant des aptitudes de coopération, de prise de décision et de résolution de problèmes. Elle permet aussi à l'élève d'acquérir le sens du respect des autres. Nous remarquons que la conscientisation et la réflexion amènent chez les élèves une diminution progressive des comportements indésirables, de l'agressivité et de la violence.

LECTURES SUGGÉRÉES

COLOROSO, Barbara (1997) – *Le cadeau de la discipline personnelle,* traduit de l'anglais par Jean Chapdelaine Gagnon. Montréal, Libre Expression, 294 pages.

GORDON, Thomas (1990) – *Comment apprendre l'autodiscipline aux enfants.* Montréal, Éditions Le Jour, 256 pages.

Résoudre des problèmes

En pédagogie de projet, l'élève doit résoudre des problèmes tout au long du projet. Nous entendons par « problèmes » tout ce qui est relié à la réalisation du projet, aux apprentissages et au développement personnel et social et qui demande de trouver une réponse à une question, de déterminer une façon de parvenir à un résultat. Réaliser un projet, c'est chercher :

- à résoudre un problème auquel on doit faire face ;
- à comprendre les raisons d'une difficulté à laquelle on se heurte ;
- à répondre à une question que l'on se pose ou que l'on pose ;
- à donner forme à une émotion, c'est-à-dire à exprimer et à communiquer ce que l'on ressent.

Résoudre ces problèmes aide l'élève à construire son savoir selon qu'il travaille seul, en équipe ou en groupe-classe. Nous regroupons les problèmes selon les aspects suivants :

- le projet ;
- l'apprentissage (trouver des réponses à une question, une solution à un problème) ;

- la manière d'apprendre ;
- le rythme d'apprentissage ;
- le comportement.

Ces problèmes se retrouvent dans n'importe quel type de pédagogie. Comme, en pédagogie de projet, les élèves sont amenés à travailler régulièrement en équipe, ils doivent affronter des situations de corésolution de problèmes. Ceux-ci, pour la plupart, peuvent se régler sans utiliser nécessairement la démarche proposée plus bas. Toutefois, si, après avoir tenté de découvrir le besoin de l'autre, discuté entre eux, exprimé leur désaccord, fait un compromis et tenté de se mettre à la place de l'autre, les élèves n'arrivent pas à trouver une solution, nous proposons de leur enseigner le processus de résolution de problèmes. Nous constatons alors qu'ils réalisent de nouveaux apprentissages grâce aux différentes approches de chaque membre du groupe.

Gordon (1990), Coloroso (1997), Archambault et Chouinard (1996) proposent presque la même démarche de résolution de problèmes. Nous retenons les six étapes suivantes :

1. Identifier le problème.
2. Énumérer toutes les solutions possibles.
3. Évaluer les solutions.
4. Choisir la meilleure solution.
5. Appliquer la solution choisie.
6. Évaluer les résultats.

> Lorsque les élèves sont peu autonomes dans la résolution de problèmes ou lorsque le problème est particulièrement difficile à résoudre, le fait de franchir ces étapes de façon systématique aide à situer le problème et à le résoudre.
>
> *Archambault et Chouinard (1996), p. 176.*

Nous croyons qu'il est nécessaire de proposer aux élèves cette démarche qui leur permet de savoir comment s'y prendre dans diverses situations problématiques. Le fait d'exprimer un problème aide à le cerner, à le définir, et suscite, en général, l'intérêt à le résoudre. Initier tôt les enfants à verbaliser leurs difficultés et leurs problèmes ouvre déjà la porte à l'idée qu'ils peuvent trouver du soutien et qu'il existe des solutions. Ce travail en groupe permet d'avoir accès à plusieurs possibilités de solutions et de créer un climat de confiance et d'entraide.

Tout comme Gordon (1990), nous croyons que les enseignantes peuvent influencer les élèves en partageant leurs connaissances, leurs expériences et en respectant les principes suivants :

- écouter activement l'élève ;
- demander à l'élève s'il veut votre opinion ou des conseils ;
- s'assurer de bien connaître le véritable besoin ou problème de l'élève ;
- proposer à l'élève des suggestions plutôt que d'imposer une solution ;
- veiller à ne pas reprendre l'élève constamment, à ne pas l'humilier et à ne pas insister s'il semble résister aux suggestions ;
- laisser l'élève entièrement responsable d'accepter ou de rejeter vos suggestions.

En pédagogie de projet, le conseil de coopération peut s'avérer un moyen efficace d'aider à régler les différents problèmes.

> [...] la réunion de tous les enfants de la classe avec l'enseignante [...] un lieu de gestion où l'on apprend, entre autres, à analyser, à comprendre, à prévoir, à planifier, à décider, à organiser, à apporter des solutions, à évaluer [...] un lieu où chaque enfant a sa place [...] un lieu où l'on accorde autant d'importance au groupe qu'à l'individu [...] un lieu où l'on apprend à se comprendre et à s'entraider [...] un lieu de résolution de problèmes [...] un lieu de recherche d'un consensus [...] un lieu où est dévoilé ce qui se passe en classe [...]
>
> *Jasmin (1994), p. 4-6.*

Toutefois, nous remarquons que ce qui intéresse souvent les élèves, c'est moins la résolution de problèmes que l'aboutissement de leur projet. Ils acceptent d'appliquer différentes solutions parce qu'ils croient qu'elles leur permettent d'atteindre le but du projet.

LECTURES SUGGÉRÉES

ARCHAMBAULT, Jean et Roch CHOUINARD (1996) – *Vers une gestion éducative de la classe.* Boucherville, Gaëtan Morin éditeur, 232 pages.

JASMIN, Danielle (1994) – *Le conseil de coopération.* Montréal, Éditions de la Chenelière, 122 pages.

Intégrer l'apprentissage coopératif

En pédagogie de projet, les élèves travaillent régulièrement en équipe. En effet, c'est la réussite du travail de chaque équipe qui permettra d'atteindre le but du projet et les apprentissages visés.

> Les objectifs de la pédagogie de projet sont une éducation de l'activité individuelle de l'élève orientée vers un objectif éloigné, une activité organisée, canalisée ; c'est aussi une éducation de la ténacité, puisqu'il s'agit de mener une action de longue haleine et une éducation de la sociabilité par le travail d'équipe, la concertation, la négociation, la coopération, le contrat.
>
> *Altet (1997), p. 32.*

Cette pédagogie contextualise les principes de l'apprentissage coopératif tel que le proposent Clarke, Wideman et Eadie (1992).

- Les élèves travaillent dans un contexte d'interdépendance positive pour atteindre le but du projet, s'ils jouent un rôle significatif durant sa réalisation et qu'ils ont des responsabilités appropriées.

- Les élèves travaillent en petites équipes hétérogènes, pour qu'ils puissent interargir et échanger verbalement afin de se stimuler, de confronter leurs idées et de se soutenir.

- Les élèves sont responsables à la fois en tant qu'individus et en tant que membres d'une équipe tout au long du projet. Ils valorisent la participation de chacun.

- Les élèves apprennent à verbaliser leurs idées. C'est en les exprimant et en les clarifiant qu'ils construisent leurs apprentissages.

- Les élèves acquièrent des habiletés se rapportant aux objectifs d'apprentissage et de développement personnel et social et les mettent en pratique en réfléchissant tout au long du projet sur le processus et sur le résultat de leur action.

En équipe, les élèves s'encouragent mutuellement et se préoccupent des réussites individuelles liées à la tâche à accomplir. Ils discutent afin de clarifier leurs idées. Ils explorent de nouveaux concepts. Ils permettent à chaque membre d'apprendre avec un maximum d'efficacité. Ils utilisent des stratégies de travail productives. Par ailleurs, les membres d'une équipe peuvent se partager la tâche, ou bien l'équipe peut se joindre à une autre équipe pour être plus efficace.

Les élèves sont appelés à choisir différents rôles en respectant les rythmes et les apprentissages visés ; ainsi ils pourront :

- trouver le matériel nécessaire ;

- rédiger un texte ;

- tenir l'échéancier à jour ;

- diriger ;

- communiquer...

L'apprentissage à la vie en société

Tout au long de la réalisation des différentes tâches utiles au projet, l'élève a un certain nombre d'habiletés à développer quant au développement personnel et social ; l'écoute de l'autre, l'encouragement, la prise de parole, la négociation en sont des exemples. Le projet devient un moyen efficace de le mettre dans des situations réelles qui nécessitent la maîtrise de ces habiletés. L'élève est suffisamment motivé pour accepter d'apprendre de nouvelles stratégies en vue d'assurer la réussite du projet. Il importe d'enseigner ces stratégies au fur et à mesure du déroulement du projet et au moment où le besoin se présente. C'est en les utilisant régulièrement que l'élève développe ses habiletés sociales. C'est par la méthode de résolution de problèmes, comme nous l'avons mentionné précédemment, qu'il arrive à trouver des solutions. En acquérant l'habileté à travailler avec les autres, l'élève apprend à vivre en société.

> Le projet est social en ce sens qu'il baigne dans le milieu social où il trouve à la fois son origine, son application et ses conditions de réalisation en même temps que l'ensemble des conflits internes et externes qu'il faut maîtriser pour agir.
>
> *Altet (1997), p. 75.*

Le rôle de l'enseignante

Puisque les élèves se regroupent par intérêts ou en fonction des tâches à réaliser, l'enseignante a besoin de connaître toutes les facettes de l'apprentissage coopératif afin d'aider les élèves à mieux fonctionner en équipe pour réaliser leur projet.

> Il est difficile de tenter de transformer de façon importante les rapports sociaux entre les étudiants. L'alternative pédagogique doit pourtant poursuivre ses efforts dans ce sens en amenant les étudiants dans le cadre de projets précis, non seulement à s'approprier leur démarche éducative, mais aussi à assumer réellement la responsabilité d'être une ressource éducative pour les autres étudiants.
>
> *Caouette (1992), p. 178.*

Les composantes proposées par l'apprentissage coopératif deviennent des moyens efficaces à mettre en place :

- la formation des groupes (de base, informels, combinés, etc.) ;
- l'enseignement explicite des habiletés coopératives (négociation, encouragement, prise de parole, etc.) ;
- la distribution des rôles dans une équipe (le responsable du temps, du matériel, le rapporteur, le secrétaire, etc.) ;

> La réalisation collective, aboutissement du projet, répond d'autant plus aux divers aspects du besoin initial que les réflexions individuelles sont hétérogènes. La dynamique et la réussite du projet reposent ici sur la richesse d'un travail de groupe dont le résultat est forcément meilleur que celui qui peut produire une réflexion individuelle si rigoureuse et si sérieuse qu'elle soit. Le travail de groupe est une garantie de créativité, d'exhaustivité et de cohésion.
>
> *Bordallo et Ginestet (1993), p. 135.*

Nous accordons beaucoup d'importance au rôle de médiateur de l'enseignante. Comme Johnson et Bany (1970), nous pensons que la médiation est essentielle pour changer la structure organisationnelle du groupe-classe afin que les élèves coopèrent spontanément et mettent au point leur propre système de contrôle. Le respect demeure la valeur à privilégier dans toutes les démarches.

LECTURES SUGGÉRÉES

ABRAMI, Philip C. et coll. (1996) – *L'apprentissage coopératif, théories, méthodes, activités.* Montréal, Éditions de la Chenelière, 233 pages.

HOWDEN, Jim et Huguette MARTIN (1997) – *La coopération au fil des jours.* Montréal, Éditions Chenelière/McGraw-Hill, 264 pages.

REID, J., *et al.* (1993) – *Les petits groupes d'apprentissage dans la classe.* Laval, Beauchemin, 111 pages.

Transformer ses pratiques évaluatives

L'évaluation doit faire partie intégrante du processus enseignement/apprentissage. Elle vise à fournir un ensemble de moyens pour aider l'élève à progresser dans ses apprentissages. L'enseignante ne doit pas mettre l'accent uniquement sur l'évaluation des apprentissages et négliger le développement personnel et social qui font de l'élève un être entier. Souligner un seul aspect de son développement, tout en omettant de considérer les autres composantes qui influencent son apprentissage, donne un portrait limité, incomplet, voire subjectif et éloigné de la réalité.

La pédagogie de projet amène l'enseignante à transformer sa vision de l'évaluation, à passer d'une évaluation normative à une évaluation centrée sur l'élève en regard des critères et des objectifs visés. Ainsi conçue, elle permet de déceler les obstacles et les succès. Elle facilite les prises de décision pour remédier à la situation ou s'orienter vers de nouveaux défis.

Évaluer la réussite individuelle de l'élève, c'est reconnaître :

- qu'il a des forces ;
- qu'il possède des talents ;
- qu'il apprend à des rythmes et par des styles d'apprentissage différents, et non comme tous les élèves de son groupe ;
- qu'il connaît les objectifs d'apprentissage et de développement personnel et social qu'il doit atteindre en fonction des compétences visées par les programmes ;
- qu'il est capable d'imaginer, de créer, de décider, de planifier, de produire, de communiquer et d'évaluer.

> Partir des représentations de l'élève, c'est le croire capable de se transformer, de s'adapter ; c'est le croire capable d'avoir un projet sur son environnement, c'est le croire capable de décider...
>
> *Alain Desmarets, cité dans Stordeur (1996), p. 59.*

Pour évaluer la réussite individuelle de l'élève, nous avons dû :

- apprendre à coévaluer ;
- faire connaître les compétences et les apprentissages visés ;
- faire réfléchir sur les apprentissages ;
- communiquer autrement avec différents partenaires.

Apprendre à coévaluer

L'enseignante intègre la démarche d'évaluation tout au long du projet en y associant l'élève et ses parents ainsi que ses pairs. Nous appelons « coévaluation » l'interaction continue des différents partenaires dans l'intention de brosser le meilleur portrait possible des apprentissages de l'élève. Au cours de cette démarche, l'enseignante tient compte des initiatives de l'élève, de ses choix, de la façon dont il voit son travail et des solutions qu'il propose. Elle prend en considération aussi les commentaires et les suggestions que les parents de l'élève ont faits lors d'entrevues ou d'appels téléphoniques, ou encore qu'ils ont rédigés sur les travaux de leur enfant. Ainsi, l'élève, ses parents et l'enseignante participent constamment aux prises de décision concernant l'évaluation en consultant régulièrement le « dossier-projet ».

Cette démarche s'instaure lentement et graduellement. Ensemble, les partenaires :

- **relèvent** des observations sur ce que l'élève sait et sur ce qu'il sait faire réellement – **c'est la mesure** ;

- **analysent** et confrontent ces observations pour comprendre comment l'élève apprend et pour faire ressortir les réussites et déterminer les apprentissages à améliorer – **c'est le jugement** ;

- **prennent les décisions** afin de maximiser les chances de réussite de l'élève en précisant les défis à relever et les stratégies à utiliser pour que l'élève puisse progresser – **c'est la décision.**

Elle comporte des périodes d'essais, d'erreurs et d'adaptation qui permettent d'améliorer constamment l'apprentissage. L'enseignante partage la responsabilité de stimuler l'élève, de le soutenir et de le confronter pour l'aider à se développer et à réussir. Cette démarche permet d'assurer un suivi dans les apprentissages de l'élève.

> Un élève confronte son autoévaluation à l'évaluation réalisée par l'enseignant (ou par une autre personne ayant un statut d'autorité ou de tuteur dans la situation de formation), les appréciations de chacun pouvant être basées ou non sur un référentiel extérieur (grille remplie avant un entretien, liste de critères, etc.) ; l'autorégulation (le retour sur soi chez l'élève) est le fruit de la mise en relation des deux évaluations.
>
> *Allal et coll. (1993), p. 241.*

En enseignant, nous avons appris à croire que l'élève, ses parents et les pairs sont capables de participer à l'évaluation et à la consignation des apprentissages. La coévaluation repose sur les croyances suivantes :

- l'élève est capable de s'autoévaluer ;

- les pairs sont capables d'aider l'élève à s'auto-évaluer ;

- les parents sont capables d'aider leur enfant à s'autoévaluer ;

- les partenaires sont capables de consigner les apprentissages.

Coévaluer, c'est croire l'élève capable de s'autoévaluer

En coévaluation, les parents et l'enseignante ont la responsabilité d'apprendre à l'élève à s'autoévaluer puisqu'il est le principal agent pouvant nous parler de son processus d'apprentissage.

> Au lieu d'intérioriser plus ou moins consciemment l'appréciation globale que l'enseignant porte sur ses capacités, l'élève devient capable d'un jugement critique et différencié sur lui-même, et par contrecoup, sur son maître également. L'apprentissage de l'autoévaluation est aussi plus qu'une technique accessoire d'évaluation. C'est le moyen essentiel dont on dispose pour faire passer la connaissance de l'élève d'un simple savoir-faire non réfléchi, permettant d'intervenir consciemment sur ce savoir-faire lui-même.
>
> *Cardinet, cité dans Albrecht (1991), p. 103.*

L'élève apprend que l'autoévaluation est une réflexion, une « critique constructive » sur sa façon d'apprendre et sur ce qu'il apprend. Ainsi, il développe sa capacité de faire des liens et de réutiliser ce qu'il sait dans d'autres projets. Il apprend à reconnaître des stratégies à adopter pour maximiser son apprentissage en corrigeant ses points faibles et en utilisant ses points forts pour atteindre ses objectifs d'apprentissage et de développement personnel et social.

Par l'autoévaluation l'élève apprend à analyser lui-même ses progrès, à se fixer de nouveaux défis et à se questionner. Il peut être réticent au début et s'opposer à un fonctionnement qui l'amène à « critiquer » ses attitudes et ses habiletés.

> L'autoévaluation est un processus par lequel l'élève est amené à porter un jugement sur la qualité de son propre cheminement, de son travail ou de ses acquis en regard d'objectifs prédéfinis, tout en s'inspirant de critères précis.
>
> *Doyon et Juneau (1991), p. 121.*

L'élève se responsabilise peu à peu envers ses apprentissages et peut communiquer ses progrès avec plus de confiance, car il réalise que ceux-ci s'insèrent dans une démarche d'apprentissage naturelle, où la performance est évaluée selon des critères individuels dans l'optique de s'améliorer. Il commence dès lors à assumer la responsabilité de son cheminement scolaire.

Coévaluer, c'est croire les pairs capables d'aider l'élève à s'autoévaluer

En coévaluation, l'enseignante a aussi la responsabilité d'apprendre aux élèves à développer des habiletés qui les amènent à évaluer leurs pairs. Les élèves peuvent établir avec elle des critères qui les aident à faire des commentaires appropriés. Ils apprennent à les exprimer de façon constructive pour encourager l'élève à s'améliorer.

> Deux ou plusieurs élèves [...] évaluent réciproquement leurs démarches respectives et/ou les produits de celles-ci, en se servant éventuellement d'un référentiel extérieur; les échanges entre élèves induisent un prolongement d'autorégulation (retour sur soi) chez chaque interlocuteur.
>
> *Allal et Michel; dans Allal, Blain et Perrenoud (1993), p. 241.*

Ce faisant, les élèves développent des habiletés de communication et de coopération comme le sentiment d'appartenance, le désir d'aider les autres, l'habileté à travailler avec différentes personnes afin de résoudre des problèmes et le désir de participer plus activement à la vie de la classe, toutes des habiletés qui, pensons-nous, leur sont très utiles pour évoluer dans la société.

Coévaluer, c'est croire les parents capables d'aider leur enfant à s'autoévaluer

En coévaluation, l'enseignante a aussi la responsabilité d'inciter les parents à aider leur enfant à s'autoévaluer, dès la première rencontre et au fur et à mesure des besoins d'un des partenaires. Pour cela, les parents observent et analysent les critères établis par leur enfant et l'enseignante. Ils discutent des stratégies à privilégier et tentent de les communiquer par des commentaires appropriés afin que leur enfant puisse s'améliorer.

> Le processus d'autoévaluation est dynamique et interactif, car il met constamment en relation l'élève, ses parents et l'enseignant. À mesure qu'il apprend, l'élève est confronté aux attentes et au jugement de l'enseignant et à celui de ses parents, et il est amené graduellement à assumer ses responsabilités comme «apprenant».
>
> *Doyon et Juneau (1991), p. 2.*

Coévaluer, c'est croire les partenaires capables de consigner les apprentissages

En coévaluation, les observations concernant les apprentissages doivent être conservées et pourront servir de référence pour les évaluations ultérieures. Celles-ci permettront aux partenaires de comparer leurs perceptions relatives au développement des compétences de l'élève. Pour assurer un suivi de ses apprentissages, les partenaires les consignent à différents moments et de différentes façons dans un «dossier-projet».

Faire connaître les compétences et les apprentissages visés

L'enseignante doit non seulement connaître les objectifs déterminés par les programmes du ministère de l'Éducation, mais s'assurer également que l'élève et ses parents les connaissent, eux aussi.

En pédagogie de projet, l'enseignante et les élèves déterminent les objectifs d'apprentissage et de développement personnel et social visés. À partir des tâches à réaliser, ils définissent ensemble les critères pour les atteindre. L'enseignante et chaque élève sélectionnent un ou deux critères. Ceux-ci peuvent changer au fur et à mesure que le projet avance en fonction des nouveaux apprentissages à réaliser. Ces critères, une fois sélectionnés, sont inscrits dans le dossier-projet de l'élève et transmis aux parents afin qu'ils puissent suivre les progrès de leur enfant.

> [...] une pédagogie de projet sans objectifs est du bricolage. C'est ici que le rôle du professeur est fondamental. Il connaît les objectifs. Il perçoit les occasions offertes par le projet à les réaliser.
>
> *Altet (1997), p. 71.*

De plus, en pédagogie de projet, l'enseignante doit être capable de faire en sorte que l'élève observe les compétences qu'il peut développer d'un projet à l'autre. Ces compétences sont liées aux capacités intellectuelles et méthodologiques, à la socialisation et au domaine de la langue, comme le propose le groupe de travail sur la réforme du curriculum dans *Réaffirmer l'école*.

> Nous devons travailler [...] contre l'échec scolaire et conduire tous les enfants : à enrichir leur répertoire cognitif ; à repérer et à identifier leurs stratégies ; à construire des processus adaptables à de nombreuses situations ; et, enfin, à repérer l'évolution de leurs résultats scolaires.
>
> *Bazin et Girerd, cités dans Grangeat et Meirieu (1997), p. 91.*

Faire réfléchir sur les apprentissages

Notre expérience nous a démontré qu'il est nécessaire de consacrer du temps pour faire réfléchir chaque élève sur lui-même, sur sa démarche d'apprentissage et sur ses apprentissages. L'enseignante, l'élève et ses parents ainsi que ses pairs se centrent davantage sur la façon d'apprendre de l'élève. Ils cherchent avec lui les meilleures stratégies qu'il pourrait utiliser pour mieux apprendre. C'est ce que nous appelons la coréflexion.

Pour amener les partenaires à coréfléchir, nous nous sommes inspirées des différents auteurs traitant de la métacognition. Flavel définit la métacognition comme suit : toute activité cognitive qui consiste à examiner ses démarches internes afin de les maîtriser et d'en améliorer l'efficacité.

> La métacognition est une réflexion interne au sujet, elle est inaccessible à l'observateur dans les conditions habituelles de l'enseignement. Comme toute activité mentale, elle doit être inférée soit à partir de ce qu'en dit le sujet, soit à partir de ce qu'il fait en résolvant un problème par exemple.
>
> *Grangeat et Meirieu (1997), p. 99.*

Pour que l'élève apprenne, les partenaires doivent non seulement favoriser le développement de stratégies cognitives pour connaître, comprendre, appliquer, analyser, synthétiser et évaluer selon la taxonomie de Bloom, par exemple, mais ils doivent aussi favoriser le développement de stratégies métacognitives, autrement dit, enseigner à l'élève à réfléchir sur lui-même en tant qu'apprenant, sur sa tâche et sur les stratégies nécessaires pour réaliser un projet. De plus, l'élève doit réfléchir pour maîtriser les apprentissages qu'il va réinvestir ou non pour réussir un autre projet. Ce processus est appelé par plusieurs auteurs « autorégulation ».

Tout au long du projet, nous allouons régulièrement du temps pour coréfléchir, pour s'interroger sur le déroulement du projet, sur les apprentissages de l'élève et sa manière d'apprendre seul et avec les autres.

Communiquer autrement avec différents partenaires

Il ne peut y avoir de coévaluation sans communication. Quand on partage l'évaluation avec des partenaires, on transforme la communication. Ce partage entre les partenaires permet le respect mutuel et la coopération, l'évaluation devenant le fruit des jugements de différents partenaires. En pédagogie de projet, nous croyons qu'il est important d'encourager les différents intervenants à s'impliquer dans ce processus.

> [...] l'école pourrait assister parents et enfants dans leur négociation de l'orientation plutôt que d'en décider à leur place.
>
> *Perrenoud (1993), p. 123.*

Cette communication permet de chercher des solutions qui sont négociées entre l'enseignante, l'élève et ses parents tout au long du projet. La qualité de la communication dépend souvent de l'habileté à communiquer des partenaires et se développe graduellement en utilisant différents moyens. Multiplier les échanges augmente les chances d'établir une communication efficace. Comme l'élève est la personne qui connaît le mieux les deux autres partenaires, il est donc la seule personne à pouvoir interagir à l'école et à la maison. Il devient alors le principal agent de communication. L'enseignante et les parents partagent la responsabilité de lui apprendre à communiquer. En classe, il est important d'allouer le plus souvent possible des temps d'échange, que ce soit entre l'élève et ses pairs, entre l'élève et ses parents, ou encore entre l'élève et l'enseignante.

Cependant, ces échanges, ces rencontres ne peuvent répondre à tous les besoins de communication des partenaires. Ceux-ci peuvent communiquer sous d'autres formes durant l'année scolaire ; ce peut être par un appel téléphonique, un message, une vidéocassette, une audiocassette, une photographie, le journal de classe... Ces moyens favorisent une évaluation continue et créent un lien famille-école important.

Selon nous, la communication parents-élève-enseignante s'insère bien dans le cadre de la pédagogie de projet. À la suite de nos expériences, nous constatons que la valorisation que ressent l'élève qui explique lui-même ses apprentissages à ses parents est palpable. Ce temps parents-élève favorise dans la plupart des cas un dialogue privilégié. Les réactions très positives après ce genre de rencontres permettent de croire qu'il est essentiel de prendre le temps nécessaire pour apprendre à l'élève à apprendre afin qu'il devienne de plus en plus autonome et responsable de ses apprentissages, plutôt que de l'évaluer dans le seul but de le noter ou de le classer.

LECTURES SUGGÉRÉES

FARR, Roger et Bruce TONE (1998) – *Le portfolio au service de l'apprentissage et de l'évaluation,* adaptation française de Pierrette Jalbert. Montréal, Éditions Chenelière/McGraw-Hill, 193 pages.

LAFORTUNE, Louise, Pierre MONGEAU et Richard PALLASCIO (1998) – *Métacognition et compétences réflexives*. Montréal, Éditions Logiques, 482 pages.

PAQUETTE, Claude (1992) – *Une pédagogie ouverte et interactive,* tome I. Montréal, Éditions Québec-Amérique, 282 pages.

PAQUETTE, Claude, George E. HEIN et Michael QUINN PATTON (1980) – *Évaluation et pédagogie ouverte*. Éditions NHP, 201 pages.

CHAPITRE 2

Le projet collectif

Définir le projet collectif

Obtenir le consensus

Cogérer, coréfléchir et coévaluer

Phases et étapes du projet collectif

Avantages et limites de la pédagogie du projet collectif

Pour arriver à définir notre approche en pédagogie de projet, nous nous inspirons du cadre théorique proposé dans le chapitre 1, « Les concepts essentiels », et nous retenons le principe décrit par Bordallo et Ginestet (1993, p. 7) :

> « c'est en agissant que l'élève se construit. La pédagogie de projet s'oppose au monde du strict enseignement qui propose des contenus dont les élèves perçoivent mal la signification et l'utilité immédiate. Ces contenus à apprendre ne sont plus atomisés, hiérarchisés, mais reliés entre eux par le problème à résoudre. »

Et tout comme De Vecchi (1992, p. 197), nous croyons que

> « pour les élèves, le but d'un projet est une production. Pour l'enseignant, cette production n'est en fait qu'un moyen d'atteindre des objectifs d'apprentissage (attitudes, méthodes, techniques, connaissances). Les élèves doivent connaître ces objectifs [...] Un projet d'équipe implique la définition d'objectifs communs, une répartition des tâches, une gestion bien organisée et des concertations régulières [...] La réussite d'un projet implique un engagement personnel de chacun, même s'il n'a pas la même ampleur pour tous [...] Il est donc nécessaire que les élèves participent à son élaboration, sa gestion, sa régulation et son évaluation [...] Une démarche de projet passe obligatoirement par des activités de résolution de problèmes et un tâtonnement. »

Nous avons constaté que le but commun visé par les élèves de la classe à chaque projet, les décisions prises collectivement, la recherche du consensus, l'esprit coopératif et l'évaluation constituaient des éléments importants. Nous avons compris qu'apprendre avec d'autres permet aux élèves de tirer profit des habiletés et des compétences de chacun afin de réussir un projet collectif.

Définir le projet collectif

Dans notre approche en pédagogie du projet collectif, un projet ne se définit totalement que s'il sous-entend :

- un but commun visant des apprentissages ;
- une tâche envisagée, voulue et décidée collectivement ;
- un engagement des membres du groupe dans un esprit de coopération ;
- une production concrète, valorisante et utile ;
- une communication à un public.

Cette approche conduit l'enseignante à porter un nouveau regard sur son rôle. Il s'agit pour elle maintenant d'animer, de guider, d'éclairer, de responsabiliser et d'encourager l'élève et ses parents. Si le projet collectif a de véritables enjeux sociaux dans la classe ou à l'extérieur, si les personnes qui assistent à la présentation du projet participent à son évaluation et si tous les élèves adhèrent au but commun, alors ces derniers s'engagent dans le projet avec une grande motivation. Pour atteindre ce résultat, l'enseignante devra provoquer la réflexion en favorisant la cogestion, la coréflexion et la coévaluation.

Pour faire face aux changements qu'apporte la pédagogie du projet collectif au quotidien, l'enseignante accepte, entre autres :

- de respecter les doutes, les craintes et les résistances qui l'habitent ;
- de prendre et de « perdre » du temps en laissant l'élève trouver les réponses et en considérant l'erreur comme une étape importante de l'apprentissage ;

- d'accorder plus d'importance aux compétences qu'aux connaissances ;
- de partager son autorité, ses responsabilités ;
- de faire preuve d'ouverture d'esprit ;
- d'utiliser différemment le matériel didactique.

Obtenir le consensus

En pédagogie du projet collectif, les prises de décision collective concernant la gestion, la réflexion et l'évaluation sont très nombreuses et se font par consensus entre les différents partenaires. Le consensus devient le principe fondamental de notre approche en pédagogie du projet collectif.

> La formation à la socialisation se réalise à travers les confrontations, les négociations et les prises de décision collective qu'exige la réalisation du projet collectif.
>
> *Soucy (1997), p. 15.*

> On insiste plus sur les projets collectifs dans la mesure où ceux-ci entraînent négociation, contrat, division des tâches, responsabilité vis-à-vis des autres participants [...] Certes il y a toujours production individuelle (ou contribution individuelle à une production collective) mais celle-ci doit découler des décisions collégiales.
>
> *Sublet, 1987, p. 53 cité dans Soucy (1997), p. 15.*

Il y a plusieurs façons pour un groupe d'adhérer à une décision collective : par minorité, par majorité, par consensus et à l'unanimité.

Une décision prise par minorité

C'est une décision prise lorsque seulement la minorité des gens consultés est d'accord.

Une décision prise par majorité

C'est une décision prise lorsque les gens consultés se prononcent majoritairement en faveur de l'idée. Il y a donc des gens qui ne sont pas d'accord avec ce qui est choisi.

> Puisqu'on veut travailler en coopération, on ne vise pas à simplement obtenir la majorité lors des prises de décisions importantes. Qui dit majorité dit aussi minorité, qui peut être parfois importante. Il sera alors difficile de vivre en groupe quand une bonne partie de celui-ci n'aura pas endossé la décision prise par les autres. Plusieurs enfants auront alors l'impression d'être sacrifiés au profit du groupe le plus fort. Il est parfois laborieux, mais combien enrichissant, d'atteindre un consensus.
>
> *Jasmin (1994), p. 6.*

Une décision prise par consensus

C'est une décision prise après avoir été négociée et acceptée par tous. Nous ne pouvons parler de consensus que lorsque tous les membres du groupe consulté s'expriment sur le sujet, que tous ceux qui s'y objectent ont le temps de bien verbaliser leurs objections et qu'ils en viennent à accepter l'idée proposée.

> C'est parce que tous les jeunes étaient d'accord et voulaient faire le projet que j'ai pu, lors de pépins rencontrés au niveau des équipes en processus de prise de décision collective émotive, orienter les questions vers la tâche à accomplir. Le désir de réaliser le projet devenait l'élément motivateur qui leur permettait de reprendre leur processus de prise de décision collective et de tenter l'expérience une deuxième, même une troisième fois.
>
> *Soucy (1997), p. 132.*

Une décision prise à l'unanimité

C'est une décision prise lorsque *tous* les membres du groupe acceptent l'idée proposée sans aucun désaccord.

Si nous tenons compte de tous les témoignages des enseignantes qui expérimentent la pédagogie du projet collectif, nous pouvons constater que, si l'on cherche une véritable adhésion du groupe au projet, la meilleure façon d'y parvenir est de l'obtenir par consensus ou de façon unanime. Autrement, certains élèves qui ne se rallient pas au projet n'y participeront pas non plus.

Tout au long de notre expérimentation, nous nous sommes posé de nombreuses questions. Nous les partageons avec vous et nous vous proposons certaines pistes de réflexion.

Pourquoi insister sur le consensus plutôt que d'accepter la majorité ?

Il est prouvé que toute idée ou décision obtenue par consensus est très efficace. Les élèves ayant donné leur assentiment (par le consensus) sur le projet à faire s'engagent beaucoup plus rapidement et de façon plus intense. Ils participent à la production collective en faisant souvent preuve d'une motivation intrinsèque étonnante.

Peut-on voter pour choisir un projet collectif ?

Il est déconseillé de choisir un projet par vote, car le vote paralyse souvent les plus timides et tend à former des groupes qui s'opposent plutôt que de s'écouter mutuellement. L'enseignante doit plutôt s'assurer que le climat de la discussion est ouvert et que tous les élèves se sentent à l'aise. Ainsi, tous ceux qui ne sont pas d'accord avec l'idée proposée peuvent exprimer leurs objections.

Mais cela va prendre beaucoup de temps !

En effet, c'est très exigeant et cela prend beaucoup de temps. Il arrive quelquefois qu'une décision relative au choix d'un projet collectif soit remise au lendemain. Ce report permet à chacun d'y réfléchir et démontre le sérieux du processus.

À l'occasion, lorsqu'il y a opposition, il peut être nécessaire de recommencer à zéro plutôt que de s'engager dans un projet qui ne rallie pas toute la classe.

Donner le temps à ceux qui s'opposent de verbaliser leurs objections et permettre aux élèves de questionner et de proposer des solutions peut demander du temps. Le temps « perdu » est vite repris lorsque tous se mettent au travail.

Il est à noter que les premiers projets sont parmi les plus longs à choisir. Au fur et à mesure que les élèves s'aperçoivent du sérieux du consensus et qu'ils en maîtrisent le processus, le temps nécessaire pour l'obtenir diminue considérablement.

Quel rôle l'enseignante doit-elle jouer ? Peut-elle influencer les élèves et leur proposer des idées ?

Il est important que l'enseignante qui anime le groupe soit *à l'écoute du groupe*. Puisque le consensus ne peut être obtenu que si chacun, d'accord ou pas, s'exprime sur l'idée retenue, il est donc primordial que les élèves perçoivent chez elle une ouverture d'esprit les incitant à exprimer leur opinion. Pour réussir à obtenir le consensus, l'enseignante doit :

- aider les élèves qui s'objectent à l'idée retenue à verbaliser leurs objections ;
- aller chercher ceux qui ne s'expriment pas ;
- faciliter les échanges et les négociations entre élèves ;
- garder une attitude positive.

Il n'est pas interdit à l'enseignante de donner son opinion, de préciser certaines limites, ou encore de suggérer certaines idées en tant que membre du groupe.

Que faire face à un élève récalcitrant ou difficile ?

Il arrive, à l'occasion, de décider qu'un élève incapable de s'intégrer au groupe, travaille seul sur un projet autre que celui que le groupe a déterminé. Cette décision est une conséquence naturelle de son comportement ou de son refus, lorsque toutes les ressources pour obtenir le consensus ont été épuisées. Les élèves n'étant pas tous à la même phase de développement de leur autonomie, certains requièrent plus de temps que d'autres pour s'adapter à cette manière de faire.

> Il est important pour l'enseignante de réaliser que contrairement à ce qui semble être, les jeunes qui offrent une certaine résistance telle que décrite [...] ne le font pas par entêtement ou obstination mais plutôt parce qu'ils se trouvent à ce stade de leur développement [...]
>
> *Soucy (1997), p. 127.*

Que faire si l'enseignante n'aime pas le projet ?

Si l'enseignante se retrouve devant un projet qu'elle n'aime pas, ou si ce projet est irréalisable parce qu'il est trop compliqué ou chimérique, elle peut poser des questions aux élèves, leur faire préciser leurs idées, accepter parfois de vivre de l'insécurité et, en dernier recours, leur démontrer les obstacles qui lui semblent insurmontables au regard du milieu.

Cogérer, coréfléchir et coévaluer

En pédagogie du projet collectif, la cogestion, la coréflexion, la coévaluation, la consignation et l'interaction des partenaires (élève, parents et enseignante) sont sollicitées tout au long de la réalisation du projet.

Toutefois, c'est l'élève qui est le principal agent de communication entre ses parents et l'école, car l'élève se connaît en tant qu'apprenant, connaît la meilleure façon de communiquer avec ses parents et connaît aussi les attentes de l'école. Les parents n'étant pas présents en classe lors de plusieurs prises de décision, l'élève invite régulièrement ces derniers à les commenter dans le dossier. Ils prennent le temps d'observer, de questionner, de stimuler et de réfléchir.

Les élèves apprennent à gérer leurs apprentissages. Ils cherchent davantage à améliorer leur travail et leur comportement s'ils se sentent consultés et qu'ils participent à tout le processus. Ils réalisent ainsi que les changements reposent entre leurs mains et qu'ils ont le pouvoir de modifier ce qu'ils désirent améliorer.

L'enseignante, quant à elle, apprend à jouer un rôle actif d'observatrice, d'intervenante, de facilitatrice, donc un rôle de chef d'orchestre.

Les partenaires développent l'habileté à se questionner et à s'interroger sur le déroulement du projet. Ils apprennent ainsi à préciser les objectifs d'apprentissage et de développement personnel et social. C'est dans cette intention que nous proposons des exemples de questions clés au chapitre 3. Les questions sont regroupées en deux catégories : les questions liées aux phases du déroulement du projet (Projet) et celles qui sont liées aux objectifs d'apprentissage et de développement personnel et social (Dossier). Ces questions clés peuvent aider à concrétiser, à chacune des phases du projet, la cogestion, la coréflexion et la coévaluation.

Cogérer, c'est gérer ensemble

L'enseignante considère maintenant la gestion du projet et des apprentissages comme un processus coopératif. Cette gestion permet à l'élève et à l'enseignante même d'organiser et de coordonner ensemble les tâches nécessaires au projet et à l'atteinte des objectifs d'apprentissage et de développement personnel et social de l'élève.

L'enseignante et les élèves invitent les parents, par lettre, message téléphonique ou autre moyen, à participer au projet. Les parents peuvent contribuer à la réussite du projet en coopérant avec :

- l'enseignante (en participant à une activité...) ;
- leur enfant (en l'aidant à faire une recherche sur Internet, en lui fournissant du matériel de recyclage, en commentant l'atteinte des objectifs...).

L'enseignante, les parents et les pairs facilitent la participation de l'élève au choix du projet, à son élaboration, à sa réalisation et à sa communication. Ils peuvent déterminer avec lui les objectifs d'apprentissage, de développement personnel et social et leurs critères. Nous définissons la participation des différents partenaires à la gestion du projet comme étant de la cogestion.

> [La] gestion est partagée avec les commettants. L'intervenant et les commettants se dotent de règles de fonctionnement qui sont élaborées dans une démocratie participative. C'est de la cogestion, gestion par laquelle les différents partenaires participent et collaborent au fonctionnement général du groupe. Mais la cogestion se gère aussi. Sinon, elle risque de devenir de la congestion.
>
> *Paquette (1992), p. 157.*

Coréfléchir, c'est réfléchir ensemble

Tout comme pour la cogestion du projet, les partenaires réfléchissent continuellement à la participation de l'élève au projet, à ses apprentissages et à sa manière d'apprendre. Ce n'est plus la seule responsabilité de l'enseignante, mais celle de tous ceux qui s'engagent dans le projet.

Les partenaires, en interaction tout au long du projet, se communiquent oralement ou par écrit leurs idées, leurs réflexions, leurs remarques et leurs observations ; c'est ce que nous appelons la coréflexion. Toutefois, pour amener l'élève à se poser lui-même des questions, il est nécessaire que l'enseignante lui serve de modèle, qu'elle se pose à haute voix des questions qui l'amènent à réfléchir sur un apprentissage, une stratégie, une tâche, le projet, etc. Les partenaires coréfléchissent dans l'intérêt de la réalisation du projet et des objectifs à atteindre pour la classe, l'équipe et l'élève.

Les questions pouvant aider au développement personnel et social portent en général sur la participation de l'élève à la réalisation du projet collectif, par exemple :

- *Est-ce que je veux m'engager dans ce projet ? Pourquoi ?*
- *Suis-je déterminé à fournir les efforts pour réaliser ce projet ? Pourquoi ?*
- *Est-ce que je crois pouvoir réussir à accomplir ma tâche à l'intérieur du projet ? Pourquoi ?*
- *Quelle importance ce projet a-t-il pour moi ?*
- *Est-ce que j'ai partagé avec mon équipe des informations au sujet du matériel, des idées et des personnes-ressources ?*
- *Comment ai-je partagé les responsabilités ?*
- *Qu'est-ce que je préfère dans ce projet ?*

Parmi les questions portant sur le projet, les tâches ou les apprentissages, mentionnons :

- *En quoi le projet a-t-il été utile ?*
- *Ai-je communiqué avec toutes les personnes-ressources possibles ?*
- *Ai-je planifié ma tâche de façon à respecter les délais ?*
- *Comment ai-je choisi ma tâche ?*
- *Ai-je assez d'information pour réaliser ma tâche ?*

Les questions portant sur les manières d'apprendre de l'élève, sur les moyens qu'il se donne pour réaliser le projet, peuvent se formuler ainsi :

- *Ai-je déjà fait quelque chose de semblable dans un autre projet ? Comment m'y suis-je pris ?*
- *Que pourrais-je réinvestir dans un prochain projet ?*

- *Comment vais-je faire pour réaliser ce projet ?*
- *Comment vais-je procéder pour partager mes idées ?*
- *Comment pourrais-je expliquer à un autre ce que j'ai fait ?*
- *Que puis-je faire quand je ne comprends pas ?*
- *Comment me suis-je organisé ?*
- *Comment vais-je m'y prendre pour définir mes critères ?*
- *Quels moyens me suis-je donnés pour garder des traces de mes progrès ?*

Coévaluer, c'est évaluer ensemble

La coréflexion permet d'amener les partenaires à mieux cerner l'évaluation qui se réalise tout au long du projet selon la démarche évaluative (mesure, jugement, décision). Ensemble, ils inscrivent des informations quant au projet et aux apprentissages, ils sélectionnent les informations pertinentes dans le dossier afin de prendre les meilleures décisions possible quant aux réussites et aux défis à relever et ils décident des stratégies les plus efficaces qui amèneront l'élève à contribuer à la réussite du projet et de ses apprentissages.

L'enseignante corrige différemment : elle écrit sur le travail de l'élève des suggestions afin qu'il puisse s'améliorer. Elle lui pose des questions sur son processus d'apprentissage plutôt que de lui attribuer une note. Elle peut l'interroger selon les pistes suivantes :

- *Explique ce que tu as appris en réalisant cette tâche.*
- *De quel document as-tu besoin pour justifier tes apprentissages ?*
- *Qu'as-tu fait pour persévérer quand c'était difficile ?*
- *À qui as-tu demandé de l'aide ?*
- *Quand as-tu demandé de l'aide ?*
- *Pourquoi as-tu demandé de l'aide ?*
- *Explique pourquoi tu es satisfait...*

L'élève s'autoévalue en expliquant ce qu'il a appris et comment il a fait pour réaliser sa tâche plutôt que de seulement cocher sur une liste d'indicateurs préétablie.

Son autoévaluation peut prendre l'une des orientations qui suivent :

- *je décris ce que je comprends ;*
- *j'explique ce que je peux faire ;*
- *je décris ce que j'ai réussi ;*
- *je décris ce que j'ai trouvé difficile à faire ;*
- *j'explique ce dont j'ai besoin ;*
- *je décris comment je me sens ;*
- *j'explique pourquoi j'aime travailler avec... ;*

- *je décris ce que je suis capable de faire dans un groupe ;*
- *je décris comment je m'organise ;*
- *j'explique comment je m'y prends pour... ;*
- *j'explique en quoi cela est relié à ce que je savais déjà ;*
- *j'explique la différence entre ce que je voulais réaliser et ce que j'ai réalisé.*

L'élève peut aussi tenir compte des observations de ses pairs. Ceux-ci peuvent l'aider en utilisant les pistes suivantes :

- *j'explique comment il a organisé... ;*
- *je décris ce qu'il aime ;*
- *je décris ce qu'il sait ;*
- *je décris comment il collabore dans un groupe ;*
- *je lui suggère de...*

Les parents, quant à eux, commentent en donnant des informations relatives aux attitudes, aux habitudes et aux apprentissages. L'enseignante peut fournir aux parents les pistes suivantes :

- *mon enfant m'a expliqué...*
- *voici comment mon enfant a fait...*
- *voici comment mon enfant s'organise...*
- *voici les intérêts de mon enfant...*

Consigner, dossier-projet

Le projet collectif nécessite une gestion différente des travaux réalisés. Il est important de garder dans le dossier-projet les documents pertinents tout au long du projet et durant la cogestion, la coréflexion et la coévaluation. Consigner devient une habileté que les partenaires doivent acquérir. Tous les documents collectifs affichés servent de références tout au long du projet. L'enseignante doit conserver les feuilles de route collectives dans le dossier-projet de la classe.

Chaque équipe, de son côté, doit conserver ses feuilles de route d'équipe dans un dossier-projet d'équipe. L'élève apprend à construire son propre dossier-projet au fur et à mesure que le projet avance en consultant au besoin le dossier-projet de la classe et celui de son équipe. Dans ces dossiers, il sélectionne les pièces justificatives qui démontrent ses objectifs d'apprentissage et de développement personnel et social réalisés et garde ces pièces justificatives dans son portfolio.

Ce dernier peut contenir quelques-uns des éléments commentés et datés suivants : feuilles de route, aide-mémoire, travaux écrits, textes des présentations orales, liste de livres lus, textes publiés, rapports, répertoires, autoévaluations, commentaires (des parents, des pairs, de l'enseignante, de l'élève lui-même), photographies, cassettes, bilan...

L'élève choisit les documents au regard des objectifs et des critères visés du projet. Ce portfolio vise à établir le profil d'apprentissage de l'élève. Il doit refléter tant le processus que les résultats, il doit illustrer ce que l'élève sait, ce qu'il est capable de faire ainsi que ses réflexions face à son apprentissage en mettant en évidence ses progrès réalisés dans le projet.

> Le portfolio permet aux enseignants qui privilégient la pédagogie du projet et l'apprentissage coopératif de mettre en évidence les apprentissages réalisés dans leur classe, ce qui n'est pas toujours possible avec les modalités d'évaluation plus traditionnelles.
>
> *Farr et Tone (1998), p. 14.*

Interagir avec les partenaires

L'enseignante, les parents et les pairs doivent continuellement se concerter et choisir toutes les façons possibles d'interagir afin de donner à l'élève toutes les chances de réussir, et ce, en vue de l'aider à mieux connaître comment il apprend, ce qu'il doit améliorer et quels moyens peuvent l'aider.

Pour que cette interaction soit constructive, elle doit amener chaque partenaire :

- à présenter les faits ;
- à exprimer ce qu'il pense, comment il se sent et ce qu'il veut ;
- à vérifier la compréhension de chacun ;
- à écouter les commentaires de chacun ;
- à discuter des différences de perception, s'il y a lieu ;
- à apprendre à se connaître et à se faire confiance ;
- à adopter une attitude positive ;
- à comprendre les sentiments, les intuitions et les peurs de chacun.
  Pour réussir une interaction, l'élève doit :
- se sentir respecté dans son rythme et son mode d'apprentissage ;
- avoir confiance en lui-même et en ses partenaires ;
- se sentir encouragé, compris ;
- pouvoir justifier ses réussites, ses défis et les moyens qu'il prend pour les atteindre ;
- prendre conscience qu'il peut surmonter une difficulté.

Phases et étapes du projet collectif

Plusieurs auteurs de la pédagogie de projet ont élaboré une démarche variant entre 4 et 10 phases. Toutefois, la plupart du temps, nous avons remarqué que nous pouvions les regrouper en quatre phases. Par suite de l'expérimentation que nous avons réalisée en pédagogie du projet collectif, nous avons donc opté pour une démarche en quatre phases, suivies d'un bilan, en adoptant une terminologie que l'élève peut facilement utiliser.

Phase I: *Démarrage et adoption du projet collectif*

Phase II: *Élaboration du projet collectif*

Phase III: *Réalisation du projet collectif*

Phase IV: *Communication du projet collectif*

Bilan du projet collectif

Chaque phase :
- offre aux élèves la liberté d'agir et de participer aux décisions ;
- sollicite le consensus pour les décisions collectives ;
- nécessite une cogestion, une coréflexion et une coévaluation des apprentissages, des tâches, des rôles, des règles de vie et des échéanciers ;
- exige une consignation et l'interaction des partenaires ;
- exploite une variété de ressources (matériel, personnes, modèles, etc.).

Le contenu de chacune des phases a été élaboré à partir de nos recherches-actions. Lors des expérimentations en classe, certaines d'entre nous ont privilégié le questionnement et le consensus, d'autres ont mis l'accent sur l'auto-évaluation et la définition d'objectifs et de critères, et d'autres, sur l'utilisation de modèles, ou l'utilité du projet, l'échéancier, ou la valorisation de l'enfant par les interactions des partenaires. Ces différentes orientations font partie intégrante des quatre phases du projet. Nous avons jugé bon d'établir des étapes pour chacune des phases afin de structurer le projet collectif, même si le déroulement de ces étapes n'est pas nécessairement linéaire. Pour assurer la réussite d'un projet, il est important, selon nous, de réaliser toutes les étapes.

Faire un projet collectif demande de modifier l'aménagement de la classe selon les besoins pour accéder facilement aux ressources matérielles et humaines. La cogestion d'un projet collectif exige aussi que l'on tienne des réunions portant sur le déroulement du projet, l'engagement des équipes, le temps alloué au projet dans la journée, afin de faire les adaptations nécessaires.

Pour chacune des phases du projet collectif, nous avons déterminé les étapes suivantes, que nous précisons dans le chapitre 3 de cet ouvrage :

Phase I – Démarrage et adoption du projet collectif

Lors de la phase I, les élèves et l'enseignante choisissent le projet collectif selon les étapes suivantes :

1. Consigner les objectifs et les critères d'apprentissage et de développement personnel et social afin de pouvoir les consulter tout au long de la phase II.

   Permettre aux élèves d'inscrire leurs choix sur la feuille « Phase I – Feuille de route – Coévaluation ». Consulter la feuille « Bilan du projet collectif – Coévaluation » des projets antérieurs (sauf évidemment lors d'un premier projet) afin de poursuivre les apprentissages à améliorer.

2. Faire un remue-méninges.

3. Regrouper les idées.

4. Sélectionner les thèmes intégrateurs.

5. Éliminer les regroupements les moins populaires.

6. Choisir le projet collectif et inscrire le « quoi ? », le « pourquoi ? », le « pour qui ? » et le « quand ? » sur la feuille « Phase I – Feuille de route – Coévaluation ».

7. Prévoir des périodes d'évaluation afin de coréfléchir, de remplir les feuilles « Phase I – Feuille de route – Coévaluation », « Phases I-II-III-IV – Aide-mémoire de l'élève » et « Phase I – Aide-mémoire de l'enseignante » et de compléter le dossier.

Phase II – Élaboration du projet collectif

Lors de la phase II, les élèves et l'enseignante planifient le projet collectif selon les étapes suivantes :

1. Réviser les objectifs et les critères d'apprentissage et de développement personnel et social ciblés à la phase I.

2. Préciser le but du projet collectif et inscrire les changements s'il y a lieu (voir la feuille « Phase II – Feuille de route – Coévaluation »).

3. Clarifier les concepts du projet collectif.

4. Identifier les besoins reliés au projet collectif (ressources humaines et matérielles).

5. Dresser une liste des tâches et les ordonner chronologiquement.

6. Choisir une tâche suivant son intérêt.

7. Former les équipes.

8. Préciser les règles de vie.

9. Prévoir des périodes d'évaluation afin de coréfléchir, de remplir les feuilles « Phase II – Feuille de route – Coévaluation », « Phases I-II-III-IV – Aide-mémoire de l'élève » et « Phase II – Aide-mémoire de l'enseignante » et de compléter le dossier.

Phase III – Réalisation du projet collectif

Les élèves et l'enseignante précisent les tâches des équipes ou les tâches personnelles et les apprentissages nécessaires pour mener à bien le projet collectif selon les étapes suivantes :

1. Réviser les objectifs et les critères d'apprentissage et de développement personnel et social de l'équipe et de chaque membre ciblés à la phase II.
2. Déterminer les membres de chaque équipe et leur rôle.
3. Préciser l'échéancier de l'équipe.
4. Déterminer la tâche de l'équipe à l'intérieur du projet collectif. Préciser la tâche de chaque membre de l'équipe.
5. Déterminer les ressources humaines et le matériel nécessaires.
6. Préciser les règles de vie de l'équipe et accomplir les tâches.
7. Prévoir des périodes d'évaluation afin de coréfléchir, de remplir les feuilles « Phase III – Feuille de route – Coévaluation », « Phases I-II-III-IV – Aide-mémoire de l'élève » et « Phase III – Aide-mémoire de l'enseignante » et de compléter le dossier.

Phase IV – Communication du projet collectif

Les élèves et l'enseignante communiquent le projet collectif selon les étapes suivantes :

1. Réviser les objectifs et les critères d'apprentissage et de développement personnel et social ciblés à la phase III.
2. Confirmer ou modifier la communication et son échéancier (public, date, heure, lieu, durée).
3. Organiser le déroulement de la communication (invitations, autorisations, remerciements).
4. Confirmer les rôles de chacun ou de chaque équipe.
5. Vérifier les ressources humaines et matérielles.
6. Réviser les règles de vie.
7. Faire une répétition générale de la communication et en conserver des traces pour l'évaluation.
8. Communiquer le projet.
9. Recueillir les commentaires du public et des équipes (voir la feuille « Phase IV – Feuille de route – Commentaires »).
10. Prévoir des périodes d'évaluation afin de coréfléchir, de remplir les feuilles « Phase IV – Feuille de route – Coévaluation », « Phases I-II-III-IV – Aide-mémoire de l'élève » et « Phase IV – Aide-mémoire de l'enseignante » et de compléter le dossier.

Bilan du projet collectif

Les élèves et l'enseignante décident des réussites et des améliorations collectives, d'équipe et individuelles à retenir pour un projet collectif ultérieur selon les étapes suivantes :

1. Prévoir des périodes d'évaluation afin de consulter les quatre feuilles « Phases I-II-III-IV – Feuille de route – Coévaluation » et l'aide-mémoire « Bilan du projet collectif – Aide-mémoire de l'enseignante » et de remplir la feuille « Bilan du projet collectif – Coévaluation ».

2. Sélectionner dans le dossier-projet les documents qui justifient les réussites et les améliorations inscrites sur la feuille « Bilan du projet collectif – Coévaluation » et les insérer dans le portfolio de chaque élève avec le bilan du projet collectif.

3. Partager, entre les partenaires, les informations contenues dans le portfolio afin de les compléter, au besoin, et de les utiliser pour évaluer les apprentissages et pour rédiger le bulletin scolaire.

4. Consulter le contenu du portfolio avant de commencer un nouveau projet collectif afin d'assurer le suivi des apprentissages.

Avantages et limites de la pédagogie du projet collectif

Nous croyons que la pédagogie du projet collectif tel que nous l'expérimentons permet à l'élève de réaliser des apprentissages utiles dans sa vie en société. Nous l'avons adoptée pour les avantages suivants :

Pour l'élève :
- elle lui permet d'être actif et de s'engager émotivement, socialement et intellectuellement ;
- elle respecte son rythme et son style d'apprentissage ;
- elle lui donne le goût du travail et de l'effort ;
- elle développe son estime de soi, sa maturité, sa motivation, son autodiscipline, sa conscience sociale et son sens des responsabilités ;
- elle lui permet de planifier son travail et de gérer son temps ;
- elle met à profit son initiative et sa créativité ;
- elle favorise sa participation entière ;
- elle lui confère un sentiment d'appartenance au groupe-classe ;
- elle l'amène à accepter les différences ;
- elle le sensibilise à une coexistence pacifique de tous les élèves ;
- elle accélère le développement de ses compétences ;
- elle facilite le transfert de ses habiletés ;
- elle lui permet de décider des objectifs à atteindre et des moyens à mettre en place pour réussir ;
- elle l'incite à dépasser les objectifs visés ;
- elle lui permet d'appliquer plusieurs connaissances à l'intérieur d'un même projet.

Pour l'enseignante :
- elle lui facilite la tâche quant au partage des responsabilités ;
- elle permet des solutions variées aux problèmes qui surviennent ;
- elle permet un partage d'idées enrichissant ;
- elle lui donne plus de disponibilité pour aider l'élève ou un groupe d'élèves ;
- elle lui permet d'obtenir un profil global de l'élève ;
- elle rend son enseignement plus stimulant ;
- elle accroît sa motivation.

Pour les relations enseignante et élèves :

- elle transforme la relation d'autorité en une relation de collaboration ;
- elle facilite la communication à cause des rencontres fréquentes pour discuter des difficultés et des progrès ;
- elle facilite la discipline de classe, car les règles de vie sont comprises par tout le monde ;
- elle permet à l'élève et à l'enseignante de partager la responsabilité de l'atteinte des objectifs ;
- elle développe une complicité entre l'enseignante et l'élève ;
- elle instaure un respect mutuel ;
- elle démythifie le rôle de l'enseignante en tant que seule « personne à transmettre des connaissances » : tous les élèves peuvent agir à tour de rôle comme personnes-ressources.

Pour les relations famille et école :

- elle facilite les relations entre l'élève et ses parents ;
- elle favorise le partage des responsabilités entre les élèves, les parents et l'enseignante ;
- elle favorise le développement des relations harmonieuses entre l'école et la famille ;
- elle permet aux parents de mieux comprendre le fonctionnement de la classe.

Par ailleurs, nous constatons que la pédagogie du projet collectif a aussi ses limites ; nous avons pu relever celles-ci :

Pour l'enseignante :

- elle ne résout pas tous les problèmes de comportement ;
- elle n'assure pas la réussite de tous les objectifs de chaque élève ;
- elle ne garantit pas que tous les parents vont coopérer ;
- elle donne l'impression que l'élève prend trop de temps pour résoudre un problème, trouver son matériel, apprendre à travailler avec les autres, réaliser une tâche complexe ;
- elle nécessite un enseignement différencié pour les élèves devant réaliser un même apprentissage ;
- elle n'intègre pas facilement certains apprentissages proposés par les programmes d'études.

Pour l'élève :

- elle ne garantit pas que chaque élève va intégrer les habiletés sociales impliquées dans le travail en coopération ;
- elle peut permettre à l'élève de choisir des tâches pour lesquelles il est déjà compétent ;
- elle n'est pas une panacée aux problèmes de comportement des élèves ;
- elle peut permettre à l'élève de se centrer davantage sur le projet plutôt que sur les apprentissages ;
- elle peut permettre à l'élève de ne pas anticiper l'apprentissage dont il a besoin pour faire la tâche.

Le déroulement du projet collectif

Jusqu'à présent nous avons décrit la pédagogie du projet collectif comme une pédagogie pouvant s'adapter à toutes les clientèles, répondre à de nombreux questionnements et faire progresser globalement l'élève. Nous vous avons aussi invités à prendre connaissance des raisons qui nous ont motivées à l'analyser plus en profondeur et à la privilégier par rapport à toutes les autres.

Dans ce chapitre, nous cherchons à démontrer comment, dans la pratique de tous les jours, il est possible d'adopter et d'adapter la pédagogie du projet collectif afin que toute enseignante puisse s'en servir comme outil.

Le contenu des phases décrit les étapes à suivre pour mener à bien un projet collectif. Des exemples, des questions clés, des feuilles de route, des questions, des réponses et quelques conseils d'appoint viennent compléter cette description.

La construction de notre modèle a suscité chez nous de nombreuses discussions et a été l'occasion de plusieurs remises en question. Ce modèle nous rejoint dans notre fonction première et quotidienne, celle de praticiennes. Il est donc la concrétisation de nos essais et de nos erreurs ainsi que l'aboutissement de nos recherches.

Les élèves et l'enseignante choisissent le projet collectif.

Choisir un projet collectif, c'est déterminer son but. Les élèves et l'enseignante, à partir de leurs intérêts et de leurs besoins, décident de faire un projet, c'est-à-dire le « quoi ? » ; la raison pour laquelle ils veulent le faire, c'est le « pourquoi ? » ; à qui ils veulent le communiquer, c'est le « pour qui ? » ; le moment où ils veulent le communiquer, c'est le « quand ? » ; et savoir approximativement comment ils vont le faire, c'est le « comment ? ».

Selon le genre ou le type de projet, il est possible de préciser les questions « pour qui ? » et « quand ? » au début de la phase II.

Au moment approprié, l'enseignante questionne les élèves pour les amener à réfléchir et à accepter toutes les décisions collectives nécessaires au choix du projet.

Cette phase se déroule généralement en grand groupe, mais le remue-méninges peut aussi se faire en équipes. Elle se divise en sept étapes.

Questions clés 🔑

PHASE I: Démarrage et adoption du projet collectif

	PROJET	DOSSIER
COGESTION	• Qu'allons-nous faire ensemble? • Avons-nous un problème à résoudre? • Avons-nous un besoin particulier? • Cherchons-nous des réponses à certaines questions? • Par où allons-nous commencer? • Comment pouvons-nous regrouper nos idées? • Quels regroupements pouvons-nous éliminer? • Quelle idée rallie tous les membres du groupe? • Pourquoi avons-nous choisi ce projet? • À qui allons-nous le présenter? • Quand allons-nous le présenter?	• À quel moment remplirons-nous nos feuilles de route? • Comment allons-nous conserver nos documents? • Que devons-nous conserver dans le dossier?
CORÉFLEXION	• Comment avons-nous fait pour choisir un projet? • Comment avons-nous participé au remue-méninges? • Comment avons-nous donné des idées? • Quels arguments avons-nous donnés? • Comment avons-nous justifié nos idées? • Comment avons-nous sélectionné les thèmes intégrateurs? • Quelqu'un peut-il expliquer le but du projet? • Comment avons-nous pris nos décisions collectives? • Comment avons-nous fait pour choisir un projet? • Comment avons-nous tenu compte des commentaires?	• Quelqu'un peut-il expliquer les objectifs? • Comment avons-nous choisi des objectifs et des critères? • Comment avons-nous tenu compte de nos critères? • Comment avons-nous tenu compte des commentaires? • Quel comportement devons-nous avoir en vue de choisir le projet?
COÉVALUATION	• Quels moyens allons-nous prendre pour améliorer la participation de chacun? • Que pourrions-nous améliorer dans le prochain « choix de projet »? • Quels moyens allons-nous nous donner pour améliorer les décisions collectives? • Les commentaires nous ont-ils donné des moyens de nous améliorer?	• Qu'avons-nous appris au regard du choix du projet? • Quels critères avons-nous réussis? • Quels objectifs d'apprentissage avons-nous réalisés? • Quels nouveaux apprentissages devons-nous cibler? • Quels comportements devons-nous améliorer? • Les documents sélectionnés dans le dossier justifient-ils les objectifs d'apprentissage et de développement personnel et social réalisés? • Les commentaires nous ont-ils donné des moyens de nous améliorer?

Les élèves et l'enseignante choisissent le projet collectif.

Ils conservent, dans un dossier, les feuilles et tous les documents pertinents qu'ils utilisent lors de cette phase.

---

1. Consigner les objectifs et les critères d'apprentissage et de développement personnel et social afin de pouvoir les consulter tout au long de la phase II. Permettre aux élèves d'inscrire leurs choix sur la feuille « Phase I – Feuille de route – Coévaluation ».

   Consulter la feuille « Bilan du projet collectif – Coévaluation » des projets antérieurs (sauf évidemment lors d'un premier projet) afin de poursuivre les apprentissages à améliorer.

2. Faire un remue-méninges.

3. Regrouper les idées.

4. Sélectionner les thèmes intégrateurs.

5. Éliminer les regroupements les moins populaires.

6. Choisir le projet collectif et inscrire le « quoi ? », le « pourquoi ? », le « pour qui ? » et le « quand ? » sur la feuille « Phase I – Feuille de route – Coévaluation ».

7. Prévoir des périodes d'évaluation afin de coréfléchir et de remplir les feuilles « Phase I – Feuille de route – Coévaluation », « Phases I-II-III-IV – Aide-mémoire de l'élève » et « Phase I – Aide-mémoire de l'enseignante » et de compléter le dossier.

S'assurer que tout un chacun est satisfait et adhère au projet collectif.

Description des sept étapes

ÉTAPE I

- Consigner les objectifs et les critères d'apprentissage et de développement personnel et social afin de pouvoir les consulter tout au long de la phase II.

- Permettre aux élèves d'inscrire leur choix sur la feuille « Phase I – Feuille de route – Coévaluation ».

- Consulter la feuille « Bilan du projet collectif – Coévaluation » des projets antérieurs (sauf évidemment lors d'un premier projet) afin de poursuivre les apprentissages à améliorer.

Les raisons pour lesquelles les élèves veulent faire un projet se différencient des objectifs d'apprentissage et de développement personnel et social. Ceux-ci se retrouvent dans les programmes du ministère de l'Éducation et sont sélectionnés selon les compétences visées. C'est à l'enseignante de les expliquer de façon que les élèves les comprennent. Ensemble, ils dressent une liste de critères et de stratégies en lien avec les objectifs. L'élève retient ceux qui correspondent à ses besoins, c'est-à-dire ce qu'il doit faire pour atteindre ses objectifs. Pour faciliter l'identification des critères et des stratégies, l'enseignante peut poser des questions comme celles qui suivent :

- Qu'allez-vous apprendre ? (apprentissage)
- Quels comportements devez-vous adopter pour réussir ? (développement personnel et social)
- Quelles stratégies devez-vous prendre pour réussir ?

Les critères et les stratégies sont consignés de façon qu'ils soient clairs et accessibles, afin que chacun puisse les consulter tout au long du projet (feuilles de route, affiches...). Il est possible de modifier les objectifs au fur et à mesure que l'on avance dans le projet, selon les besoins.

Le projet peut intégrer des objectifs d'apprentissage de français, de sciences humaines, d'art, de mathématiques... Il peut nécessiter la collaboration entre l'enseignante et des personnes-ressources.

Exemples d'objectifs et de critères d'apprentissage et de développement personnel et social

OBJECTIF D'APPRENTISSAGE (FRANÇAIS) Communiquer en tenant compte de la situation	OBJECTIF DE DÉVELOPPEMENT PERSONNEL ET SOCIAL Entrer en relation avec les autres
Critères	**Critères**
• utiliser des mots précis pour justifier son idée • faire des liens entre son idée et celles des autres	• parler à tour de rôle • partager ses idées

Il est possible de :

- *choisir un projet pour atteindre certains objectifs d'apprentissage ou de développement personnel et social*

ou

- *choisir un projet et déterminer ensuite à quels objectifs d'apprentissage et de développement personnel et social le projet peut mener.*

Dès cette phase, l'élève constitue un dossier qui contiendra les objectifs et les critères qu'il tente d'atteindre et qu'il réévalue pendant le projet afin de constater ses apprentissages. De plus, l'élève met dans son dossier les feuilles « Phase I – Feuille de route – Coévaluation » et « Phases I-II-III-IV – Aide-mémoire de l'élève » pour permettre à chacun des partenaires de faire le suivi du projet.

> Pour réaliser ces étapes importantes du projet, les membres de chaque équipe [...] tiennent à jour un cahier personnel de projet [...] Il permet à l'élève d'autoévaluer son travail, à l'enseignant de le suivre de près et aux parents de constater le travail accompli par leur enfant.
>
> *Francœur-Bellavance (1996), p. 39.*

L'enseignante conserve les traces collectives utilisées pendant le projet. Si cette phase est réalisée en équipes, ces dernières conservent leur travail dans un dossier.

ÉTAPE 1   QUESTIONS ET RÉPONSES

L'enseignante peut-elle sélectionner un objectif et ses critères pour la classe ?

Oui, certains projets peuvent, à l'occasion, fournir matière à développer une ou des habiletés ou connaissances particulières. L'enseignante peut alors cibler, avec les élèves, un objectif précis et établir la liste des critères s'y rattachant.

Doit-on attendre que les habiletés sociales collectives et individuelles soient acquises avant de commencer un projet collectif ?

Non, un des objectifs du projet est d'amener les élèves à développer des habiletés sociales et individuelles. Ces habiletés s'acquièrent tout au long des projets. Il est plus facile de commencer par de petits projets à échéancier court, présentés à différents auditoires.

Les objectifs à court terme des premiers projets peuvent viser le développement d'une ou de deux habiletés sociales précises, par exemple être capable d'attendre son tour pour parler, être capable d'écouter les autres lorsqu'ils parlent.

Quand des problèmes d'habiletés sociales se posent en cours de projet :

- on s'arrête ;
- on cerne le problème avec les personnes touchées ;
- on explore différentes solutions ;
- on choisit la meilleure solution possible ;
- on essaie de l'appliquer ;
- on l'évalue.

L'apprentissage coopératif propose aussi des techniques et des stratégies très utiles pour développer certaines habiletés sociales, collectives et individuelles.

Il est bon de laisser à l'occasion les élèves continuer un projet qui dépasse leurs compétences ; cela permet une autocritique très constructive et amène souvent une meilleure écoute de chacun lors de l'adoption du projet suivant.

Doit-on imposer un projet portant sur une matière même si les élèves n'ont pas le goût de le faire ?

Un projet ne vise pas une seule matière. C'est dans la recherche de nouvelles connaissances et dans le déroulement du projet que se font de nouveaux apprentissages. Par exemple, en recherchant de nouvelles données sur les animaux pour mieux préparer leur sortie au zoo ou en cherchant comment faire des jeux, les élèves sont mis en situation de lecture, d'écriture, de mathématiques, d'analyse de modèles.

ÉTAPE 2

- Faire un remue-méninges.

Le remue-méninges sert à chercher tout ce que les élèves sont intéressés à faire, à savoir, à apprendre, à comprendre. Il peut aussi aider à trouver des solutions à un problème. C'est en répondant à des questions comme celles qui suivent que surgissent les idées de projets.

- Qu'allons-nous faire ensemble ?
- Que voulez-vous faire ?
- Qu'est-ce qui vous intéresse ?
- Que voulez-vous connaître ?
- Comment pouvons-nous répondre à un besoin précis ?
- Comment résoudre un problème particulier ?
- Comment régler une situation conflictuelle ?

Les idées émises sont consignées sur des cartons ou de grandes feuilles en mettant le groupe-classe en situation d'interaction. Toutes les idées sont acceptées et l'on encourage la participation de chacun sans restriction ni critique.

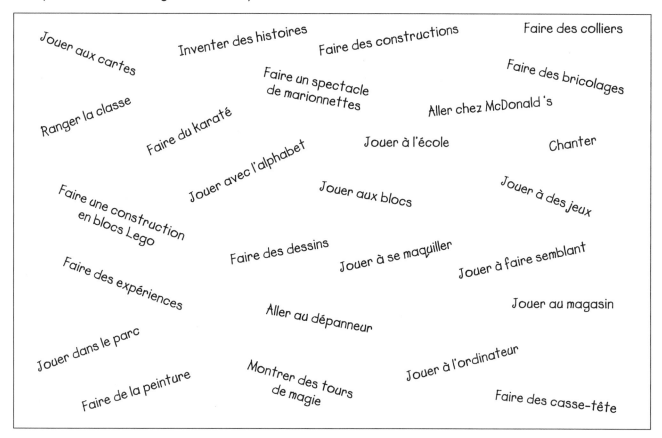

Après quelques projets, il peut s'avérer intéressant de chercher un nouveau projet en faisant le remue-méninges en petites équipes plutôt que collectivement. Pour ce faire, l'enseignante demande à chaque équipe de présenter deux ou trois idées qui font consensus au sein de l'équipe.

ÉTAPE 2 **QUESTIONS ET RÉPONSES**

Que fait-on avec les idées farfelues ? Que fait-on s'il y a trop d'idées ? Peut-on restreindre le nombre d'idées ?

Il n'y a pas d'idées farfelues, il n'y a jamais trop d'idées et on n'a pas à les restreindre. Toutes les idées sont retenues et consignées. Elles peuvent susciter d'autres idées, même si elles semblent farfelues. Lors des étapes subséquentes, on se pose des questions sur ces idées, on les regroupe, on en discute et on les approfondit.

Devrait-on diriger les élèves au cours de cette étape ?

Le rôle de l'enseignante est d'animer la discussion en acceptant toutes les idées et en encourageant la participation de chaque élève.

Combien de temps y accorder ?

Il est important de prendre le temps qu'il faut, même si l'on doit reporter la discussion à une autre période prévue pour le projet pour différentes raisons (manque de temps, manque de concentration, besoin de réfléchir...).

ÉTAPE 3

- Regrouper les idées.

Une fois la collecte d'idées terminée, l'enseignante demande aux élèves :

Comment pouvons-nous regrouper nos idées ?
Pourquoi ?
Êtes-vous tous d'accord ?

L'enseignante consigne les regroupements à l'aide du code de son choix (couleurs, numéros, cadres, lignes...). Parfois, une même idée peut être classée dans différents regroupements ; il s'agit alors de choisir le regroupement le plus pertinent avec le consensus de la classe.

Exemple de regroupement d'idées par numéros

Peut-on restreindre le temps alloué au regroupement des idées ? Comment regrouper les idées quand il y en a trop ?

Le rôle de l'enseignante est de demander aux élèves de regrouper les idées exprimées lors du remue-méninges et de justifier les regroupements proposés. Elle les aide dans cette démarche en posant souvent la question « pourquoi ? » pour bien faire préciser les choix.

De plus, pour éviter un trop grand nombre de regroupements, l'enseignante peut, dans certains cas, faire comprendre à un élève que son idée est intégrée dans une autre. Elle peut faire elle-même des suggestions de regroupements et les soumettre à l'approbation des élèves. Le groupe peut analyser ces regroupements avant de prendre une décision finale.

L'enseignante peut mettre fin au regroupement des idées au moment opportun.

ÉTAPE 4

- Sélectionner les thèmes intégrateurs.

L'enseignante demande aux élèves : « Comment allons-nous regrouper toutes ces idées ? » et les invite à expliquer leur raisonnement.

L'enseignante et les élèves trouvent des titres pour chaque regroupement. Ce sont les thèmes intégrateurs. L'enseignante inscrit ces titres sur la feuille du remue-méninges en faisant des flèches et en utilisant le même code que pour le regroupement. Elle peut aussi transcrire ces titres sur une nouvelle feuille et demander aux élèves de consulter le regroupement.

Il est important, à cette étape-ci, que l'enseignante demande plus de précision sur chacun des thèmes intégrateurs choisis afin que chaque élève puisse, à l'étape 5, garder ou rejeter une idée en sachant bien sa signification.

Exemples de thèmes intégrateurs

❶ BRICOLAGE
- Faire des colliers
- Faire des bricolages
- Faire de la peinture
- Faire des dessins

❷ CONSTRUCTION
- Jouer aux blocs
- Faire une construction en blocs Lego
- Faire des constructions

❸ ÉCOLE
- Jouer à l'école
- Jouer avec l'alphabet
- Ranger la classe

❹ JEU
- Jouer à des jeux
- Jouer au magasin
- Faire des casse-tête
- Jouer à l'ordinateur
- Jouer aux cartes

❺ SPECTACLE
- Jouer à faire semblant
- Chanter
- Jouer à se maquiller
- Montrer des tours de magie
- Faire un spectacle de marionnettes

❻ EXPÉRIENCE
- Faire des expériences

❼ KARATÉ
- Faire du karaté

❽ SORTIE
- Jouer dans le parc
- Aller au dépanneur
- Aller chez McDonald's

❾ HISTOIRE
- Inventer des histoires

L'enseignante doit-elle influencer les élèves ? Comment rendre cette étape plus claire pour les élèves ?

Le rôle de l'enseignante est d'émettre son opinion, de donner des exemples afin d'amener les élèves :

- à faire des liens entre les idées ;
- à trouver le dénominateur commun de chaque regroupement.

Un thème intégrateur peut-il être trop général ?

Un thème intégrateur est toujours général. Avant de commencer l'élimination de certains thèmes intégrateurs à l'étape 5, l'enseignante fait préciser le « pourquoi ? » afin que les élèves en éliminent en toute connaissance de cause. Il est possible de préciser dès maintenant le « pour qui ? » et le « quand ? » selon le nombre d'idées, de projets en cause.

ÉTAPE 5

- Éliminer les regroupements les moins populaires.

Maintenant, il s'agit de savoir quelle idée rallie tous les membres du groupe.
L'enseignante et les élèves éliminent les thèmes intégrateurs suscitant le moins d'intérêt :

- en énonçant chaque thème intégrateur inscrit, en le précisant ;
- en éliminant les thèmes intégrateurs qui ne sont pas les premiers choix de chaque élève ;
- en négociant le jumelage de certains thèmes intégrateurs.

Après cette première sélection, les élèves et l'enseignante conservent les thèmes intégrateurs (généralement quatre ou cinq) qui les intéressent davantage en faisant ressortir les points forts et les points faibles. Dans l'exemple ci-dessous, les thèmes intégrateurs suivants ont été retenus : bricolage, karaté, jeu et histoire, et le thème intégrateur choisi a été un jumelage des thèmes bricolage et karaté.

Exemple d'élimination de certains thèmes intégrateurs

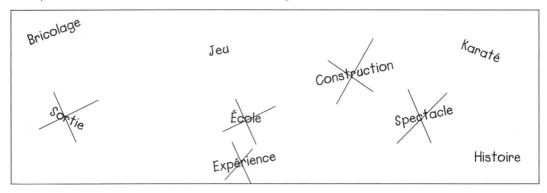

Comment répondre à la déception de certains élèves à la suite de l'élimination de leurs thèmes intégrateurs ?

L'enseignante peut amener les élèves à discuter en s'inspirant des éléments suivants :

- leur donner l'occasion d'exprimer leur déception ;
- leur rappeler que le rejet d'un thème n'est pas le rejet de la personne ;
- les encourager à participer, à se rallier au thème ;
- bien justifier les thèmes intégrateurs retenus ;
- bien accueillir leurs suggestions ;
- leur rappeler qu'ils trouveront probablement une tâche intéressante à faire ;
- leur proposer de conserver leurs thèmes pour un prochain projet.

ÉTAPE 6

- Choisir le projet collectif et inscrire le « quoi ? », le « pourquoi ? », le « pour qui ? » et le « quand ? » sur la feuille « Phase I – Feuille de route – Coévaluation ».

Pour choisir le projet collectif, l'enseignante et les élèves retiennent le thème intégrateur qui fait consensus. Pour ce faire, ils peuvent :

- discuter des thèmes retenus (ne pas voter) ;
- éliminer certains thèmes par argumentation ;
- négocier le jumelage de certains thèmes (ce jumelage doit être proposé par un élève) ;
- faire ressortir les points forts et les points faibles de chaque thème ;
- essayer de convaincre leurs pairs, les questionner en vue de retenir le thème qui rallie toute la classe.

L'enseignante doit aussi demander aux élèves, au moment de choisir le thème intégrateur, les raisons qui les poussent à faire tel projet collectif. Par exemple : Pourquoi apprendre à jouer au soccer ? Pourquoi déguster une soupe aux légumes ? Pourquoi amasser de l'argent ? Pourquoi décorer le hall d'entrée d'un centre d'accueil ? L'élève adhère plus facilement au projet collectif s'il le juge utile sur les plans personnel et social à l'intérieur ou à l'extérieur de l'école. Plus l'élève trouve les raisons valables, plus grandes sont les chances qu'il décide de s'y engager.

L'enseignante se doit de développer l'art du questionnement.

Exemple de questionnement. Chercher à amener l'élève à préciser sa pensée, son idée.

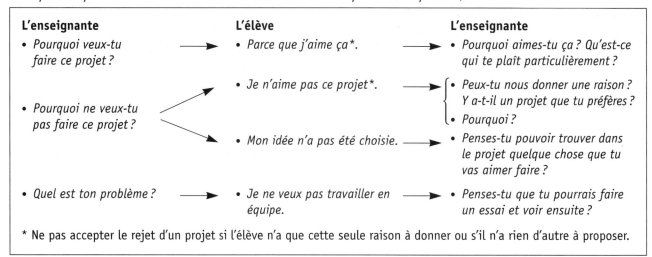

L'enseignante	L'élève	L'enseignante
• Pourquoi veux-tu faire ce projet ?	• Parce que j'aime ça*.	• Pourquoi aimes-tu ça ? Qu'est-ce qui te plaît particulièrement ?
• Pourquoi ne veux-tu pas faire ce projet ?	• Je n'aime pas ce projet*.	{ • Peux-tu nous donner une raison ? Y a-t-il un projet que tu préfères ? • Pourquoi ?
	• Mon idée n'a pas été choisie.	• Penses-tu pouvoir trouver dans le projet quelque chose que tu vas aimer faire ?
• Quel est ton problème ?	• Je ne veux pas travailler en équipe.	• Penses-tu que tu pourrais faire un essai et voir ensuite ?

* Ne pas accepter le rejet d'un projet si l'élève n'a que cette seule raison à donner ou s'il n'a rien d'autre à proposer.

Répondre à ces questions oblige l'élève à se forger une opinion personnelle plutôt que de suivre un ami ou le groupe sans avoir une idée précise des raisons pour lesquelles il retient tel ou tel projet par rapport aux autres.

Enfin, l'enseignante peut faciliter le choix :

- en nommant chaque projet envisagé et en demandant aux élèves de lever la main pour indiquer leur premier choix. Elle doit au préalable leur mentionner que chaque élève ne peut lever la main qu'une fois ;
- en retenant tous les projets mentionnés comme premier choix ;
- en posant les questions suivantes :

Parmi les projets qui restent, lequel vous plaît le plus ? Pourquoi ?
Qui est d'accord ?
Parmi les projets qui restent, lequel voudriez-vous éliminer ? Pourquoi ?
Qui est d'accord ?

Le processus menant au **consensus** est long et laborieux (surtout lors du premier projet), mais nécessaire. Pour obtenir le consensus, il importe que le climat de la classe soit favorable à la discussion et ouvert à la critique positive et qu'il permette à tous de s'exprimer sur la décision à prendre. Lorsque ceux qui s'opposent ont le temps et l'occasion de donner leur opinion et qu'ils en viennent à accepter le projet retenu, nous pouvons alors parler de **consensus.**

Exemple d'un remue-méninges réalisé par des élèves qui commencent un projet collectif

les animaux

les fruits

une maquette

une pièce de théâtre

Exemple d'un remue-méninges réalisé par des élèves ayant déjà effectué des projets collectifs

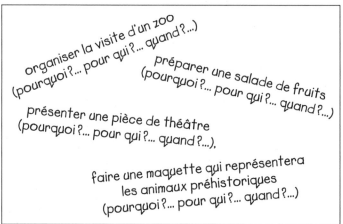

organiser la visite d'un zoo (pourquoi ?... pour qui ?... quand ?...)

préparer une salade de fruits (pourquoi ?... pour qui ?... quand ?...)

présenter une pièce de théâtre (pourquoi ?... pour qui ?... quand ?...).

faire une maquette qui représentera les animaux préhistoriques (pourquoi ?... pour qui ?... quand ?...)

Au fur et à mesure que les élèves acquièrent de l'expérience dans la recherche d'un projet collectif, le remue-méninges prend une autre dimension. Plutôt que d'énoncer des sujets ou des moyens, les élèves passent plus rapidement à l'étape d'énoncer des idées qui contiennent déjà le sujet et le moyen. Il leur reste à préciser le « pourquoi ? », le « pour qui ? » et le « quand ? » pour avoir un projet.

Il faut maintenant déterminer le but du projet en répondant au « pour qui ? » et au « quand ? ». Pour assurer la motivation des élèves, il est important que la présentation du projet collectif planifié (pièce de théâtre, vente de livres, exposition, repas communautaire, fête...) s'inscrive généralement dans un contexte de communication plus large que celui de la classe (autre classe, parents, centre d'accueil...)

Exemples de buts

QUOI ?	POURQUOI ?	POUR QUI ?	QUAND ?
• Faire une soupe aux légumes	• pour déguster de nouveaux légumes	• pour les élèves de la classe et l'autre classe de première année	• le vendredi 15 octobre
• Organiser une partie de hockey	• pour passer un moment agréable ensemble	• entre les élèves de la classe et les enseignantes de l'école	• la journée pédagogique du 17 novembre
• Faire une mosaïque avec des aînés	• pour décorer l'entrée du centre d'accueil des aînés	• pour tous les résidents	• le 18 mai
• Faire une maquette d'animaux préhistoriques	• pour décorer la bibliothèque de l'école	• pour les autres classes	• durant la semaine de lecture

À l'occasion, il se peut qu'un projet naisse naturellement et qu'il y ait spontanément consensus. Dès lors, les étapes de la phase I se déroulent plus rapidement.

ÉTAPE 6   QUESTION ET RÉPONSE

Un projet collectif peut-il être trop général ?

Il faut éviter des projets trop vagues. L'important consiste à amener les élèves à préciser le projet choisi.

Exemple de projet vague : **Les temps anciens**

Exemples de questions à poser pour préciser le projet :

- Pourquoi voulez-vous présenter les temps anciens ?
- Que voulez-vous dire par « temps anciens » ? Quelle époque est-ce ?
- Qu'est-ce qui vous intéresse ? les costumes ? les personnes ? les animaux ? la nourriture ? les lieux ?
- Qu'est-ce que vous voulez faire ?
- À qui voulez-vous le présenter ?
- Quand voulez-vous le présenter ?

Le projet pourrait être précisé de la façon suivante :

Présentation d'un défilé de mode montrant des costumes de la Nouvelle-France pour démontrer l'évolution des vêtements aux parents, dans la semaine du...

ÉTAPE 7

- Prévoir des périodes d'évaluation afin de coréfléchir, de remplir les feuilles « Phase I – Feuille de route – Coévaluation », « Phases I-II-III-IV – Aide-mémoire de l'élève » et « Phase I – Aide-mémoire de l'enseignante » et de compléter le dossier.

La coévaluation doit commencer au *début* du projet et se poursuivre tout au long des phases pour se terminer lors du bilan. Les documents pertinents, les feuilles de route (individuelle, collective ou d'équipe) ainsi que tous les travaux sont des traces importantes qui constituent le dossier de l'élève et qui l'aident à justifier son autoévaluation. Il est donc primordial d'inscrire à l'horaire des périodes d'évaluation, et ce, à toutes les phases, afin de bien comprendre cette nouvelle pratique évaluative. Des périodes de discussions et d'échanges sont nécessaires. Les listes d'objectifs et de critères dont la classe a discuté sont affichées bien en vue afin de rendre toute cette information accessible à l'élève et qu'il puisse en informer ses parents.

Pour cela, l'enseignante :

- s'assure que chaque élève conserve ses documents dans son dossier (enveloppe, reliure, chemise...) ;
- prévoit des outils de consignation et d'observation pour elle-même en vue des bulletins ;
- peut consulter les aide-mémoire de ce livre placés à la fin de chaque phase ;
- incite l'élève à discuter de ses progrès et de ses défis avec ses parents ;
- incite l'élève à consulter ses pairs en vue de recueillir le plus d'information possible.

Il est important que la classe garde tous les documents produits pour évaluer le travail réalisé et pour adapter ce qui reste à accomplir. Les questions de la cogestion, de la coréflexion et de la coévaluation facilitent le questionnement et les prises de décision. Après chaque période de travail en projet, lors d'une réunion de la classe, les élèves :

- discutent des progrès au regard du choix du projet collectif ;
- discutent des problèmes rencontrés et des solutions à mettre en place ;
- ciblent ce qu'ils doivent réaliser lors de la prochaine période de travail.

De plus, chaque élève consigne les apprentissages réalisés sur sa feuille de route.

Que doit-on faire pour aider les élèves à réfléchir en vue de faire leur autoévaluation ?

On doit leur poser des questions comme : As-tu tes objectifs et tes critères ? Qu'as-tu réussi ? Que peux-tu améliorer ? Quels moyens peux-tu prendre pour t'aider davantage ? Comment tes pairs peuvent-ils t'aider ?

Comment l'élève doit-il remplir sa « Feuille de route – Coévaluation » ?

Lors d'un premier projet collectif, il est préférable d'aider les élèves à bien remplir leur feuille de route et de s'assurer qu'ils ont bien compris que leur autoévaluation porte sur les objectifs et les critères qu'ils ont choisis. Plus tard, lorsque les élèves auront acquis les habiletés nécessaires, l'enseignante pourra leur proposer de remplir seuls leur feuille de route à l'école ou à la maison.

Que faire si certains élèves choisissent toujours les mêmes objectifs et critères ?

L'enseignante discute avec chacun de ces élèves afin de découvrir pourquoi il en est ainsi ou elle l'oriente mieux dans son autoévaluation.

L'évaluation des parents est-elle absolument nécessaire ?

Les commentaires des parents sont souvent stimulants et enrichissants pour l'élève. Cependant, il est essentiel de bien faire comprendre aux parents que leurs commentaires doivent être reliés aux objectifs et aux critères ciblés (voir la feuille de route).

Comment l'enseignante va-t-elle évaluer l'élève à l'aide des documents conservés ?

Elle évalue les travaux de l'élève en se fondant sur les objectifs et les critères qu'elle-même et l'élève ont ciblés. Elle consulte aussi ses observations (notes, commentaires...) ainsi que les commentaires (des parents, des pairs) qu'elle a recueillis pendant la phase.

Travail	
Collectif	❑
Équipe	❑
Individuel	❑

Titre du projet : _____

Nom : _____ **Date :** _____

Objectifs d'apprentissage

Objectifs

_____

_____

_____

Critères

_____

_____

Réussite(s) : _____

_____

Amélioration(s) : _____

_____

Moyen(s) : _____

_____

Objectifs de développement personnel et social

Objectifs

_____

_____

_____

Critères

_____

_____

Réussite(s) : _____

_____

Amélioration(s) : _____

_____

Moyen(s) : _____

_____

Choix du projet collectif

Quoi ? _____ Pour qui ? _____

Pourquoi ? _____ Quand ? _____

Commentaires – autoévaluation de l'élève

_____

Commentaires – enseignante ou parent

_____

*Toutes les informations consignées sur cette feuille de route
serviront à rédiger le bilan du projet collectif.*

Travail	
Collectif	❏
Équipe	❏
Individuel	❏

Titre du projet : _____

Nom : _____ **Date :** _____

As-tu prévu une enveloppe, une reliure ou une chemise pour conserver tes documents et tes feuilles de route ?

As-tu consulté (sauf lors du premier projet, évidemment) les feuilles de bilan de ton dernier projet ?

	PHASE			
	I	**II**	**III**	**IV**
1. As-tu inscrit un ou des objectifs d'apprentissage ainsi que leurs critères sur ta feuille de route ?	❏	❏	❏	❏
2. As-tu inscrit un ou des objectifs de développement personnel et social et leurs critères sur ta feuille de route ?	❏	❏	❏	❏
3. As-tu inscrit, sur ta feuille de route des phases I et II, le « quoi ? », le « pourquoi ? », le « pour qui ? » et le « quand ? » du projet collectif ?	❏	❏	❏	❏
4. As-tu rangé tes feuilles de route dans ton dossier ?	❏	❏	❏	❏
5. As-tu gardé dans ton dossier tes documents marqués de ton nom et datés (brouillons, notes, observations, listes, vidéocassettes, lettres, affiches, disquettes, cédéroms...)?	❏	❏	❏	❏
6. À partir des objectifs d'apprentissage et des critères que tu as choisis, as-tu inscrit tes réussites, les points à améliorer et les moyens que tu pourrais prendre pour y arriver ?	❏	❏	❏	❏
7. À partir des objectifs de développement personnel et social et des critères que tu as choisis, as-tu inscrit tes réussites, les points à améliorer et les moyens que tu pourrais prendre pour y arriver ?	❏	❏	❏	❏
8. As-tu noté tes commentaires ? (ceux de tes pairs, de tes parents...)	❏	❏	❏	❏

À conserver tout au long des quatre phases

☐ **1.** Avez-vous prévu une chemise, une reliure, une enveloppe ou autre moyen de rangement pour que les élèves, individuellement et en équipe, puissent conserver leurs documents et leurs feuilles de route ?

☐ **2.** Avez-vous prévu un ou des outils de consignation et d'observation pour vous-même (bulletin)?

☐ **3.** Avez-vous consulté (sauf évidemment lors d'un premier projet) les feuilles de bilan du projet précédent ?

☐ **4.** Avez-vous planifié des périodes d'évaluation pour coréfléchir, pour remplir la feuille de route et pour rédiger des commentaires ?

☐ **5.** Avez-vous discuté avec les élèves des objectifs d'apprentissage et de développement personnel et social ainsi que de leurs critères ?

☐ **6.** Avez-vous conservé les documents pertinents (feuilles de remue-méninges, des objectifs d'apprentissage et de développement personnel et social, du choix du projet)?

☐ **7.** Avez-vous affiché les documents se rattachant à la phase I afin de pouvoir les consulter durant le projet ?

Les élèves et l'enseignante planifient le projet collectif.

Une fois le but du projet précisé, l'enseignante fait clarifier le projet collectif. Elle discute avec les élèves de la signification de chaque concept énoncé dans le but du projet afin de déterminer les modèles qui peuvent aider à le réaliser. Les élèves sont amenés à explorer ce qu'ils savent, ce qu'ils veulent faire et ce qu'ils ont besoin d'apprendre. Ils déterminent aussi les moyens à privilégier pour réaliser le projet.

Au moment approprié, l'enseignante questionne les élèves pour les amener à réfléchir et à accepter toutes les décisions collectives nécessaires à l'élaboration du projet.

Cette phase se divise en neuf étapes.

Questions clés 🔑

PHASE II: Élaboration du projet collectif

	PROJET	DOSSIER
COGESTION	• Quel est le projet ? • Comment allons-nous procéder pour atteindre notre but ? • Quels changements devons-nous apporter ? • Que savons-nous ? • Que voulons-nous apprendre, savoir ou faire ? • Comment ferons-nous ? • Par quoi allons-nous commencer ? • De quoi avons-nous besoin ? (ressources humaines et matérielles) • De quelles règles de vie avons-nous besoin ? • Quelles seront les tâches ? • Quel sera l'échéancier des tâches ?	• À quel moment remplirons-nous nos feuilles de route ? • Que devons-nous conserver dans le dossier ?
CORÉFLEXION	• Notre but est-il réaliste ? • Que pouvons-nous consulter pour poursuivre le projet ? • Comment avons-nous précisé le projet ? • Comment avons-nous trouvé toutes les ressources nécessaires ? • Comment avons-nous déterminé les tâches ? • Comment pouvons-nous respecter l'échéancier des tâches ? • Comment faire pour que chacun accepte les membres de son équipe ? • Comment avons-nous pris nos décisions collectives ? • Avons-nous décrit ce que nous allons faire ? • Comment allons-nous nous organiser ? • Avons-nous expliqué ce dont nous avons besoin ? • Pouvons-nous expliquer les composantes du projet collectif ? • Comment avons-nous analysé nos modèles ? • Comment avons-nous organisé les tâches ?	• Avons-nous révisé nos objectifs et nos critères ? • Qu'avons-nous appris en consultant des modèles ? • Quel comportement devons-nous avoir en vue d'élaborer le projet ?
COÉVALUATION	• Quels moyens allons-nous nous donner pour trouver plus facilement des ressources ? • Quels moyens allons-nous nous donner pour mieux choisir nos tâches ?	• Quels apprentissages avons-nous faits au regard des modèles consultés ? • Quels comportements devons-nous améliorer ? • Les documents sélectionnés dans le dossier justifient-ils les apprentissages réalisés ?

Les élèves et l'enseignante planifient le projet collectif.

Ils conservent, dans un dossier, les feuilles et tous les documents pertinents qu'ils utilisent lors de cette phase.

1. Réviser les objectifs et les critères d'apprentissage et de développement personnel et social ciblés à la phase I.

2. Préciser le but du projet collectif et inscrire les changements s'il y a lieu (voir la feuille « Phase II – Feuille de route – Coévaluation »).

3. Clarifier les concepts du projet collectif.

4. Identifier les besoins reliés au projet collectif (ressources humaines et matérielles).

5. Dresser une liste des tâches et les ordonner chronologiquement.

6. Choisir une tâche suivant son intérêt.

7. Former les équipes.

8. Préciser les règles de vie.

9. Prévoir des périodes d'évaluation afin de coréfléchir, de remplir les feuilles « Phase II – Feuille de route – Coévaluation », « Phases I-II-III-IV – Aide-mémoire de l'élève » et « Phase II – Aide-mémoire de l'enseignante » et de compléter le dossier.

S'assurer que chacun comprend le projet collectif et les tâches à réaliser et est satisfait.

Élaboration du projet collectif

Description des neuf étapes

ÉTAPE I

• Réviser les objectifs et les critères d'apprentissage et de développement personnel et social ciblés à la phase I.

Les élèves et l'enseignante révisent les objectifs d'apprentissage et de développement personnel et social consignés sur la feuille de route. Ils les adaptent au besoin. En participant à la sélection des objectifs et des critères, les élèves comprennent mieux ce qu'ils doivent apprendre et comment ils vont l'apprendre. Il importe que les élèves puissent connaître les objectifs des programmes. En afficher la liste dans la classe peut en faciliter la sélection.

ÉTAPE 1 QUESTION ET RÉPONSE

Comment faire pour que les objectifs choisis soient plus précis ?

Il faut s'assurer que les élèves comprennent l'importance d'apprendre quelque chose, quel que soit le but du projet collectif (Quoi ? Pourquoi ? Pour qui ? Quand ?). Lorsque le but est bien défini, les objectifs sont plus faciles à préciser.

Exemples de projets et d'objectifs d'apprentissage

PROJET
Préparer une sortie au centre sportif pour s'amuser avec d'autres élèves, le...

OBJECTIFS D'APPRENTISSAGE
• Sur le terrain et à l'aide d'un plan ou d'une carte, décrire l'itinéraire à suivre (sciences humaines).
• Décrire les moyens à privilégier pour établir une relation amicale (éducation morale et religieuse).

PROJET
Présenter à nos parents, le..., une pièce de théâtre pour leur apprendre quelque chose de nouveau sur les planètes.

OBJECTIFS D'APPRENTISSAGE
• Comprendre des textes à caractère informatif (français – lecture).
• Produire une saynète en tenant compte de son intention de communication (français – oral).

PROJET
Monter une pièce de théâtre pour connaître les composantes de la création d'une pièce de théâtre et la présenter aux élèves de la maternelle et de la deuxième année de l'école le...

OBJECTIFS D'APPRENTISSAGE
• Apprendre un vocabulaire précis se rapportant au Moyen Âge (français – oral).
• Apprendre à écouter les autres (français – oral).

PROJET
Publier les conclusions d'un sondage dans un journal, le..., pour mieux comprendre notre environnement.

OBJECTIFS D'APPRENTISSAGE
• Grouper et regrouper des objets en base dix (mathématiques).
• Identifier des éléments physiques et humains de son milieu local (sciences humaines).
• Organiser l'espace à deux et à trois dimensions au moyen de techniques (arts plastiques).
• Écrire un texte informatif (français – écrit).

PROJET
Organiser une soirée d'information sur les activités mathématiques (logique, géométrie) pour aider les parents des élèves de la classe à mieux comprendre les nouvelles mathématiques, le...

OBJECTIFS D'APPRENTISSAGE
• Choisir et organiser des activités typiques reflétant les objectifs du programme de mathématiques (mathématiques).
• Réagir en fonction des réactions de son ou de ses interlocuteurs (français – oral).

- Préciser le but du projet collectif et inscrire les changements, s'il y a lieu
  (voir la feuille « Phase II – Feuille de route – Coévaluation »).

Lors de cette étape, les élèves sont amenés à réviser le but du projet. Ils doivent préciser le « quoi ? », le « pourquoi ? », le « pour qui ? » et le « quand ? » du projet collectif et l'énoncer correctement afin de pouvoir y revenir au besoin.

Les élèves doivent tenter de faire les premières démarches pour s'assurer que le projet est réalisable (demander au public ciblé s'il est intéressé, demander l'autorisation à la direction, réserver la salle...). Savoir à l'avance quelle sera approximativement la production facilite l'organisation du projet et l'établissement de l'échéancier. Le rôle de l'enseignante n'est pas de planifier le projet, mais de soutenir les élèves dans la réalisation de la production anticipée.

L'enseignante commencera à consigner les premiers éléments de l'aide-mémoire collectif proposé à la fin de la phase II.

Titre du projet collectif : _____

Préciser le but du projet

Quoi ? : _____   Pourquoi ? : _____

Pour qui ? : _____   Quand ? : _____

Exemples

Quoi faire ?	**Pourquoi faire un projet ?**	**Pour qui faire un projet ?**	**Quand faire un projet ?**
• Faire une sortie. • Monter une pièce de théâtre. • Rédiger un article dans un journal.	• Pour savoir comment... • Pour s'amuser... • Pour mieux comprendre...	• Une autre école • Plusieurs classes de l'école • Les parents	• La précision avec laquelle nous établissons l'échéancier dépend du type de projet. Certains projets s'inscrivent dans le temps d'une façon immuable comme les fêtes, les sorties, les rencontres avec des invités, tandis que d'autres comportent plus de flexibilité.

Même s'il n'y a pas de temps limite pour réaliser le projet, il est nécessaire de fixer des délais à respecter. Les élèves doivent apprendre à terminer un projet. Ils doivent aussi apprendre à réaliser plus d'un projet afin de pouvoir réinvestir les différents apprentissages qu'ils ont faits. Connaissant les différentes phases d'un projet, ils deviennent de plus en plus autonomes lors de nouveaux projets.

Peut-on ne pas fixer d'échéancier ?

Ne pas fixer de dates peut inciter certains élèves à se laisser aller. Les contraintes de temps ne sont pas immuables, mais elles sont là pour aider les élèves à se structurer.

Comment faire pour respecter l'échéancier ?

Inscrire à l'horaire des périodes journalières de rencontre où chaque équipe fait part de son travail permet de saisir le pouls du groupe, de déceler les équipes en difficulté et de voir si l'échéancier est réalisable. Les feuilles de route d'équipe et individuelles ramassées durant le projet donnent d'autres indices sur le respect de l'échéancier et permettent de faire les corrections qui s'imposent.

ÉTAPE 3

- Clarifier les concepts du projet collectif.

Lors de cette étape, l'enseignante questionne les élèves afin de s'assurer qu'ils comprennent les différentes composantes du projet collectif.

Durant l'exploration du projet collectif, les élèves consignent ce qu'ils connaissent du projet collectif ainsi que les questions auxquelles ils ne peuvent répondre et pour lesquelles ils doivent consulter des ressources extérieures. Afin de se les approprier, les élèves cherchent des modèles (à la bibliothèque, auprès de personnes-ressources, à la maison, sur Internet, sur cédérom) illustrant chacune des composantes, s'il y a lieu. Ils les analysent et notent ce qu'ils savent, les questions qu'ils se posent et les informations qu'ils découvrent. Selon les besoins de leur projet collectif, ils décident pour quelles raisons ils peuvent imiter ou modifier ces modèles et quand les utiliser.

Par ailleurs, il est aussi important d'inciter les élèves à écrire les questions qui amènent de nouveaux apprentissages parce qu'ils sont tentés de choisir un travail en fonction des connaissances ou des compétences qu'ils ont déjà. Comme enseignantes, nous avons parfois tendance à faciliter le travail de l'élève plutôt que de l'aider à apprendre de nouvelles stratégies pour qu'il puisse réussir.

> Les élèves sont appelés à se questionner, à s'informer, à comparer, à classifier, à mettre en relation et à analyser diverses données, à confronter leur point de vue, à anticiper des résultats ou des actions à entreprendre :
>
> - par des expériences personnelles qui reposent sur l'observation ou l'expérimentation
> - par la consultation de personnes au moyen d'entrevues, d'interviews ou de sondages
> - par l'étude d'une documentation.
>
> *Francœur-Bellavance (1996), p. 40-41.*

Exemples

Je pense que...	Je cherche...	Je voudrais savoir...

Exemple d'analyse des différentes composantes d'un projet collectif

Projet	Qu'est-ce qu'un spectacle d'humour ?	Qui seront nos invités ?	Quand, à la fin de l'année ?
Présenter un spectacle d'humour à des invités à la fin de l'année.	À partir des connaissances des élèves, • décrire avec eux les différentes composantes d'un spectacle d'humour (décor, acteurs, éclairages, musique, monologue, blagues, jeux de mots, gestes...) ; • consulter des livres, des personnes-ressources, des vidéocassettes, des modèles... ; • compléter cette description.	Faire un remue-méninges avec les élèves de tous les invités possibles.	• Est-ce la dernière journée ? • Est-ce la première semaine de juin ? • Est-ce que ce sera le jour, le soir ?

ÉTAPE 4

• Identifier les besoins reliés au projet collectif (ressources humaines et matérielles).

À partir de l'exploration du projet collectif de l'étape 3, faire une liste des personnes-ressources que les élèves peuvent consulter soit à l'école ou à la maison. Ce peuvent être des élèves plus âgés, des enseignantes, la bibliothécaire, le directeur, l'infirmière, un oncle, les grands-parents, un frère, un voisin, un acteur, un humoriste...

Faire ensuite une autre liste du matériel que les élèves peuvent consulter ou trouver. Mettre cette liste de références à jour et la préciser au fur et à mesure que le projet avance.

Exemples de documents à consulter

Livres de la bibliothèque de l'école, du quartier, de la maison, catalogues, vidéocassettes, audiocassettes, cédéroms, cartes géographiques, cartes du métro, annuaire téléphonique...

Exemples de matériel à trouver

Grandes boîtes, argent, tissus, laine, magnétophone, magnétoscope, vêtements, cassettes, système de son, éclairage...

L'enseignante consigne les informations dans l'aide-mémoire collectif proposé à la fin de la phase II.

Ressources humaines

Ressources matérielles

Après avoir déterminé les ressources nécessaires, les élèves consignent les informations transmises par les personnes-ressources et les documents consultés.

Exemples

Voici les informations que les personnes-ressources m'ont fournies.
Voici les informations que je retiens des documents consultés (auteur, date, titre, etc.).

ÉTAPE 4   QUESTION ET RÉPONSE

Si les élèves ne peuvent trouver les ressources qu'il leur faut, doit-on le faire pour eux ?

Si les élèves ne sont pas capables de trouver les ressources nécessaires pour réaliser le projet collectif, le groupe-classe doit alors remettre en question le projet. Si un élève ou une équipe ne dispose pas de ressources, le groupe-classe peut l'aider.

Les personnes-ressources que les élèves peuvent consulter ainsi que le matériel qu'ils peuvent se procurer influencent ou modifient le choix du projet. L'enseignante n'a pas à fournir tout le matériel ni à communiquer avec toutes les personnes-ressources. En projet collectif, les élèves apprennent à résoudre leurs problèmes et en tirent une grande satisfaction.

ÉTAPE 5

- Dresser une liste des tâches et les ordonner chronologiquement.

L'enseignante et les élèves font l'inventaire des tâches possibles, c'est-à-dire qu'ils décortiquent le projet collectif en autant de tâches nécessaires à sa réalisation. Ensuite, ils anticipent l'ordre chronologique dans lequel ils doivent accomplir ces tâches.

La compréhension par les élèves de l'ordre chronologique des tâches et de l'échéancier varie d'une classe à l'autre (de la maternelle à la sixième année) ou d'un projet à l'autre. Il se peut que l'ordre chronologique des tâches ou de l'échéancier se modifie au cours de la réalisation du projet collectif si des contraintes imprévisibles se présentent. Il faut donc les réviser régulièrement, avec les élèves.

L'enseignante consigne ces informations sur l'aide-mémoire collectif proposé à la fin de la phase II.

Organisation chronologique des tâches

Tâche 1 _____ Tâche 4 _____

Tâche 2 _____ Tâche 5 _____

Tâche 3 _____ Tâche 6 _____

Échéancier des tâches

Tâche 1 _____ **Date :** _____

Tâche 2 _____ **Date :** _____

Tâche 3 _____ **Date :** _____

Tâche 4 _____ **Date :** _____

Tâche 5 _____ **Date :** _____

Tâche 6 _____ **Date :** _____

ÉTAPE 6

• Choisir une tâche suivant son intérêt.

Les élèves choisissent, parmi la liste des tâches, celles qui correspondent le plus à leurs intérêts et inscrivent leur nom dans la case appropriée. De ce fait, des équipes hétérogènes se constituent. Si une tâche importante n'est pas choisie, une discussion s'impose. Il faut essayer de trouver pourquoi les élèves ont délaissé cette tâche : est-ce en raison de l'ampleur de la tâche, de sa complexité, de son importance... ? Il faut discuter avec les élèves de la nécessité d'effectuer cette tâche pour parvenir à la réalisation du projet collectif.

ÉTAPE 6 — QUESTIONS ET RÉPONSES

Que faire si un élève choisit une tâche pour laquelle il n'a pas les habiletés nécessaires ?

Si l'élève choisit une tâche qui, d'après l'enseignante, dépasse ses capacités, il doit essayer de la réaliser. Dans ce cas, deux situations peuvent survenir : il acquiert les habiletés requises seul ou avec un pair ou il prend conscience de ses limites et est invité à faire un choix plus judicieux.

Que faire si tous les élèves veulent faire la même tâche ?

Il faut poser le problème en faisant ressortir l'importance d'effectuer toutes les tâches pour réaliser le projet. La réussite du projet collectif dépend de la contribution de chaque membre face à la complémentarité des tâches. En posant des questions, l'enseignante ou les élèves démontrent l'importance de choisir une tâche différente pour mener à bien le projet.

Que va-t-il arriver si tout le monde choisit la même tâche ?

Comment pouvons-nous achever le projet si nous ne faisons pas certaines tâches ?

Qui serait prêt à changer de tâche ?

ÉTAPE 7

- Former les équipes.

Les élèves qui ont choisi de faire la même tâche se regroupent. S'il y a trop d'élèves pour la tâche, l'équipe peut se subdiviser en plusieurs petites équipes. Le nombre de membres par équipe peut varier entre deux et cinq élèves. Il est plus facile de gérer de petites équipes lors des premiers projets.

Au fur et à mesure que les élèves apprennent à travailler ensemble, l'enseignante peut leur donner des suggestions quant à leur formation, comme travailler avec une nouvelle équipe, choisir une nouvelle tâche, se regrouper selon leurs compétences... Elle peut intervenir lorsque certains regroupements d'élèves sont nuisibles au travail collectif. Toutefois, des équipes hétérogènes facilitent souvent le développement inattendu de certaines habiletés sociales et l'atteinte d'objectifs d'apprentissage.

L'enseignante consigne ces informations sur l'aide-mémoire collectif proposé à la fin de la phase II.

Formation des équipes

Tâche 1 _____   Tâche 4 _____

Tâche 2 _____   Tâche 5 _____

Tâche 3 _____   Tâche 6 _____

ÉTAPE 8

- Préciser les règles de vie.

Afin de sensibiliser les élèves au travail d'équipe, il est important de mettre de l'avant des règles de vie qui leur permettent d'évoluer en équipe. Ces règles seront définies par le groupe et l'enseignante ensemble. Les éléments pertinents reliés à la dynamique de chaque équipe seront retenus.

Exemples de règles de vie

> Donner son opinion à son tour.
> S'entraider.
> S'encourager.

L'enseignante consigne ces informations sur l'aide-mémoire collectif proposé à la fin de la phase II.

Règles de vie

ÉTAPE 9

- Prévoir des périodes d'évaluation afin de coréfléchir, de remplir les feuilles « Phase II – Feuille de route – Coévaluation », « Phase II – Aide-mémoire de l'élève » et « Phase II – Aide-mémoire de l'enseignante » et de compléter le dossier.

Il est important que la classe garde tous les documents élaborés pour évaluer le travail réalisé et pour adapter ce qui reste à accomplir. Les questions clés de la cogestion, de la coréflexion et de la coévaluation facilitent le questionnement et les prises de décision. Après chaque période de travail en projet, lors d'une réunion de la classe, les élèves :

- discutent des progrès au regard de la planification du projet collectif ;
- discutent des problèmes rencontrés et des solutions à mettre en place ;
- ciblent ce qu'ils doivent réaliser lors de la prochaine période de travail.

De plus, chaque élève consigne les apprentissages réalisés sur sa feuille de route. L'aide-mémoire de l'élève sert de référentiel pour la phase III.

Titre du projet collectif : _____

Préciser le but du projet

Quoi ? : _____ Pourquoi ? : _____

Pour qui ? : _____ Quand ? : _____

Ressources humaines

_____

_____

Ressources matérielles

_____

_____

Organisation chronologique des tâches

Tâche 1 _____ Tâche 4 _____

Tâche 2 _____ Tâche 5 _____

Tâche 3 _____ Tâche 6 _____

Échéancier des tâches

Tâche 1 _____ **Date :** _____

Tâche 2 _____ **Date :** _____

Tâche 3 _____ **Date :** _____

Tâche 4_____ **Date :** _____

Tâche 5_____ **Date :** _____

Tâche 6_____ **Date :** _____

Formation des équipes

Tâche 1 _____ Tâche 4 _____

Tâche 2 _____ Tâche 5 _____

Tâche 3 _____ Tâche 6 _____

Règles de vie

_____

_____

> _Toutes les informations suggérées dans ce modèle doivent être consignées_
> _sur des feuilles de manière que l'enseignante et les élèves puissent les consulter_
> _au cours des autres phases du projet._

Travail
Collectif ❏
Équipe ❏
Individuel ❏

Titre du projet : _____

Nom : _____ **Date :** _____

Objectifs d'apprentissage

Objectifs

_____

_____

Critères

_____

_____

Réussite(s) : _____

_____

Amélioration(s) : _____

_____

Moyen(s) : _____

_____

Objectifs de développement personnel et social

Objectifs

_____

_____

Critères

_____

_____

Réussite(s) : _____

_____

Amélioration(s) : _____

_____

Moyen(s) : _____

_____

Précision du projet collectif, s'il y a lieu

Quoi ? _____

Pourquoi ? _____

Pour qui ? _____

Quand ? _____

Commentaires – autoévaluation de l'élève

_____

_____

Commentaires – enseignante ou parent

_____

_____

> *Toutes les informations consignées sur cette feuille de route*
> *serviront à rédiger le bilan du projet collectif.*

☐ **1.** Avez-vous planifié des périodes d'évaluation pour coréfléchir, pour remplir les feuilles de route collectives, d'équipe et individuelles et pour rédiger des commentaires?

☐ **2.** Avez-vous révisé les objectifs d'apprentissage et de développement personnel et social ainsi que les critères ciblés à la phase I et en avez-vous discuté afin d'en reprendre ou d'en définir de nouveaux?

3. Avez-vous conservé les documents pertinents à la phase II:

☐ • la précision du projet?

☐ • la liste des tâches par ordre chronologique?

☐ • les noms des élèves intéressés?

☐ • la liste des besoins en ressources matérielles et humaines?

☐ • les échéanciers?

☐ **4.** Avez-vous affiché les documents se rattachant à la phase II (les règles de vie, les échéanciers, les listes de tâches...)?

☐ **5.** Avez-vous consigné vos observations et vos commentaires pendant toute cette phase?

_____

_____

_____

_____

PHASE III Réalisation du projet collectif

Les élèves et l'enseignante réalisent le projet collectif.

Les élèves et l'enseignante précisent les tâches des équipes ou les tâches individuelles et les apprentissages nécessaires pour mener à bien le projet collectif. La réussite du projet dépend de la clarification et de la répartition adéquate des tâches. Chaque élève s'engage à réaliser sa tâche et à trouver toutes les solutions nécessaires pour aider son équipe à effectuer le travail qu'exige le projet collectif.

Au moment approprié, l'enseignante questionne les élèves pour les amener à réfléchir et à accepter toutes les décisions collectives, d'équipe ou individuelles nécessaires à la réalisation du projet.

Cette phase se divise en sept étapes.

Questions clés ⚷

	PROJET	DOSSIER
COGESTION	• Qui fera partie de l'équipe ? • Avons-nous affiché la liste des tâches à réaliser pour le groupe-classe ? • Quelle sera la tâche de l'équipe ? • De quelles règles de vie avons-nous besoin ? • Quel sera l'échéancier de l'équipe ? • Quel rôle chacun de nous jouera-t-il ? • De quelles ressources avons-nous besoin ? • Que pouvons-nous consulter pour poursuivre le projet ? • Pensons-nous avoir assez de temps pour réaliser notre projet ?	• À quel moment remplirons-nous nos feuilles de route ? • Que devons-nous conserver dans le dossier ?

CORÉFLEXION	**En équipe**
	• Est-ce que chaque membre de l'équipe a un rôle à jouer ?
	• Est-ce que chacun sait ce qu'il doit faire ?
	• Avons-nous besoin d'aide ?
	• Où sommes-nous rendus ?
	• Nous manque-t-il du matériel ?
	• Comment avons-nous pris nos décisions collectives ?
	• Pourquoi aimons-nous travailler ensemble ?
	• Comment avons-nous distribué les rôles dans notre équipe ?
	• Comment avons-nous fait pour réussir notre travail ?
	
	Chaque membre de l'équipe
	• Suis-je satisfait :
	  – de mon rôle dans l'équipe ?
	  – de ma tâche dans l'équipe ?
	  – de la participation de mes partenaires ?
	  – des décisions prises par mon équipe ?
	• Comment ai-je fait pour réaliser ma tâche ?
	• Comment ai-je fait pour comprendre mon rôle ?
		• Comment avons-nous choisi des critères d'évaluation en fonction de nos objectifs ?
		• Quels moyens avons-nous pris pour réussir notre tâche ?

Questions clés 🔑

PHASE III : Réalisation du projet collectif (suite)

	PROJET	DOSSIER
CORÉFLEXION	**Groupe-classe** • Y a-t-il quelqu'un qui peut expliquer la tâche réalisée aujourd'hui par son équipe ? • Pouvons-nous prévoir ce que nous ferons durant la prochaine période de travail ? • Avons-nous assez de temps pour réaliser notre projet ? • Comment avons-nous fait pour réussir notre tâche ? • Comment avons-nous pris nos décisions collectives ?	
COÉVALUATION	• Avons-nous atteint l'objectif de notre période de travail aujourd'hui ? • Avons-nous fixé notre objectif pour la prochaine période de travail ? • Quels moyens pouvons-nous suggérer pour améliorer le travail de notre équipe ?	• Quels apprentissages avons-nous faits au regard du travail d'équipe ? • Quels objectifs d'apprentissage ai-je réalisés ? • Quels comportements devons-nous améliorer ? • Les documents sélectionnés dans le dossier justifient-ils les apprentissages réalisés ?

Les élèves et l'enseignante réalisent le projet collectif.

Ils conservent, dans un dossier, les feuilles et tous les documents pertinents qu'ils utilisent lors de cette phase.

---

1. Réviser les objectifs et les critères d'apprentissage et de développement personnel et social de l'équipe et de chaque membre ciblés à la phase II.

2. Déterminer les membres de chaque équipe et leur rôle.

3. Préciser l'échéancier de l'équipe.

4. Déterminer la tâche de l'équipe à l'intérieur du projet collectif. Préciser la tâche de chaque membre de l'équipe.

5. Déterminer les ressources humaines et le matériel nécessaires.

6. Préciser les règles de vie de l'équipe et accomplir les tâches.

7. Prévoir des périodes d'évaluation afin de coréfléchir et de remplir les feuilles « Phase II – Feuille de route – Coévaluation », « Phases I-II-III-IV – Aide-mémoire de l'élève » et « Phase III – Aide-mémoire de l'enseignante » et de compléter le dossier.

S'assurer que chacun effectue les tâches essentielles
pour mener à bien le projet collectif et est satisfait.

Réalisation du projet collectif

Description des sept étapes

ÉTAPE I

- Réviser les objectifs et les critères d'apprentissage et de développement personnel et social de l'équipe et de chaque membre ciblés à la phase II.

Les élèves et l'enseignante révisent les objectifs d'apprentissage et de développement personnel et social consignés sur la feuille « Phase II – Feuille de route – Coévaluation ». Ils les adaptent au besoin. En participant à la sélection de ces objectifs et de ces critères, les élèves comprennent mieux ce qu'ils doivent apprendre et comment ils vont l'apprendre.

ÉTAPE 2

- Déterminer les membres de chaque équipe et leur rôle.

Chaque équipe se regroupe et écrit sur l'aide-mémoire de l'équipe le nom de chaque membre ainsi que le rôle que chacun accepte de jouer pour faciliter le travail à effectuer. L'équipe désigne un secrétaire, un porte-parole, un responsable du dossier de l'équipe, de l'échéancier, des ressources, des règles de vie... Ces rôles peuvent changer à chaque période de travail.

Cet aide-mémoire peut être conservé dans un dossier-équipe ou photocopié et distribué à chacun des membres de l'équipe.

Un membre de l'équipe consigne ces informations sur l'aide-mémoire de l'équipe proposé à la fin de la phase III.

Titre du projet collectif	
1. Nom des membres	**Rôles**

- Préciser l'échéancier de l'équipe.

À l'aide de l'aide-mémoire collectif établi à la phase II, l'équipe inscrit sur l'aide-mémoire de l'équipe la date à laquelle la tâche doit être achevée. L'équipe doit aussi prévoir le temps nécessaire pour réaliser sa tâche et faire un échéancier plus détaillé.

Un membre de l'équipe consigne ces informations sur l'aide-mémoire de l'équipe proposé à la fin de la phase III.

2. Échéancier à préciser

_____

_____

ÉTAPE 4

- Déterminer la tâche de l'équipe à l'intérieur du projet collectif.
- Préciser la tâche de chaque membre de l'équipe.

La diversité des tâches nécessaires à la réalisation du projet collectif, comme choisir la musique appropriée, faire la chorégraphie, préparer les présentations orales, étudier les différents gestes que font les clowns, résumer l'histoire de la Nouvelle-France, expliquer comment utiliser un logiciel à un coéquipier..., permet à chaque élève d'atteindre les objectifs et les critères retenus selon sa manière d'apprendre.

Comme l'ampleur des tâches peut varier, certaines équipes terminent avant d'autres. Celles-ci peuvent donc aider les autres équipes ou réaliser plus d'une tâche. La réussite du travail d'équipe ne doit pas passer avant les apprentissages que chaque élève doit réaliser. Souvent, il est nécessaire de regrouper, dans un endroit prévu à cette fin, des élèves de la même équipe ou d'équipes différentes ayant un problème commun pour les amener à développer des *stratégies cognitives, coopératives et métacognitives* utiles pour réaliser leur tâche à l'aide des questions de cogestion, de coréflexion et de coévaluation.

L'équipe décrit la tâche et les différents travaux que chaque membre doit effectuer pour la réaliser. Le secrétaire de l'équipe consigne la tâche de chaque membre sur l'aide-mémoire de l'équipe.

Naviguer sur Internet pour trouver une information, consulter la bibliothécaire, écrire un texte à l'ordinateur, visionner une vidéo et prendre des notes, fabriquer des costumes, des décors, des accessoires sont des exemples de tâches que peut comporter un projet.

3. Tâches de l'équipe à l'intérieur du projet collectif

_____

_____

Tâche de chaque membre

Nom _____ Tâche _____

Nom _____ Tâche _____

Nom _____ Tâche _____

Chaque élève réalise sa tâche selon les modalités et l'échéancier prévus. Il consulte son équipe ou toute autre ressource pour mener à bien sa tâche et celle de l'équipe.

Un membre de l'équipe consigne ces informations sur l'aide-mémoire de l'équipe proposé à la fin de la phase III.

ÉTAPE 4   QUESTIONS ET RÉPONSES

Que faire lorsqu'un élève n'a pas accompli sa tâche ?

Il doit assumer les conséquences naturelles liées à ses actes (comme ne pas faire partie de la vidéo quand on n'a pas appris son rôle) ou encore répondre de son retard auprès de l'équipe. Dans ce cas, il s'agit de poser des questions à l'élève et de lui faire des recommandations afin d'améliorer la situation lors d'un prochain projet.

Que faire lorsqu'une équipe prend plus de temps que prévu pour accomplir une tâche ?

Si une équipe prend plus de temps que prévu dans l'échéancier pour accomplir une tâche, elle doit faire un temps d'arrêt et les membres doivent se poser des questions : Avons-nous un échéancier réaliste ? Que se passe-t-il ? Pourquoi est-ce si long ? Comment pouvons-nous améliorer notre manière de travailler ? La tâche est-elle trop difficile ? Qui peut nous aider ? Les solutions trouvées sont expérimentées et retenues pour un prochain projet afin d'éviter que la même situation ne se reproduise.

ÉTAPE 5

• Déterminer les ressources humaines et le matériel nécessaires.

Chaque équipe établit la liste des ressources humaines et le matériel en utilisant l'aide-mémoire de l'équipe. Les élèves doivent communiquer avec les personnes identifiées en leur écrivant, en leur téléphonant ou en les invitant au besoin. Ils peuvent aussi utiliser tous les médias à leur disposition. Les élèves ont la responsabilité de trouver le matériel dont ils ont besoin pour réaliser leur tâche. C'est la démarche de résolution de problèmes qui leur permet de trouver plusieurs solutions de rechange et qui leur donne l'occasion d'utiliser leur débrouillardise, leur créativité et plusieurs autres qualités.

Ce qui importe, c'est la fierté qu'ils éprouvent d'avoir trouvé la solution pour réaliser leur tâche ainsi que les apprentissages qu'ils font plutôt que la qualité que l'on attend de leur travail.

Le rôle de l'enseignante est de faciliter l'accès aux ressources. Il ne lui incombe pas de faire les recherches à la place des élèves, mais elle peut leur fournir des livres, des affiches et du matériel, si elle en possède.

Un membre de l'équipe consigne ces informations sur l'aide-mémoire de l'équipe proposé à la fin de la phase III.

4. Ressources humaines nécessaires	Matériel

ÉTAPE 6

- Préciser les règles de vie de l'équipe et accomplir les tâches.

Chaque équipe établit les règles de vie au sein de l'équipe en utilisant l'aide-mémoire collectif (phase II). Pour chaque règle retenue, les membres de l'équipe se donnent des moyens pour la respecter.

Les principes de base de l'apprentissage coopératif prennent ici tout leur sens dans la mesure où l'on met en place des stratégies permettant aux élèves de régler leurs problèmes, comme le respect des autres, le sens des responsabilités, l'adaptation à différents rôles, pour n'en nommer que quelques-unes. Les élèves ont à s'approprier la démarche de résolution de problèmes pour régler les conflits qui surgissent en ce qui a trait au travail d'équipe.

L'enseignante, quant à elle, prévoit des minileçons quand survient un problème en faisant découvrir à l'équipe des techniques comme la façon d'encourager, de s'entraider, d'organiser l'information, de discuter d'une idée, de trouver des idées et beaucoup d'autres pour développer des habiletés coopératives.

Le responsable des règles de vie consigne les décisions de l'équipe sur l'aide-mémoire conservé dans le dossier-équipe.

Un membre de l'équipe consigne ces informations sur l'aide-mémoire de l'équipe proposé à la fin de la phase III.

5. Règles de vie de l'équipe

_____

_____

_____

ÉTAPE 7

- Prévoir des périodes d'évaluation afin de coréfléchir, de remplir les feuilles « Phase III – Feuille de route – Coévaluation », « Phases I-II-III-IV – Aide-mémoire de l'élève » et « Phase III – Aide-mémoire de l'enseignante » et de compléter le dossier.

Il est important que l'équipe garde tous les documents produits pour évaluer le travail réalisé et pour adapter ce qui reste à accomplir. Les questions de la cogestion, de la coréflexion et de la coévaluation facilitent le questionnement et les prises de décision collectives. Après chaque période de travail en projet, lors d'une réunion de classe, _le porte-parole de chaque équipe_ :

- fait part des progrès de l'équipe ;
- fait état des problèmes rencontrés et des solutions à mettre en place ;
- donne l'objectif de la prochaine période de travail.

En outre, chaque élève consigne les apprentissages réalisés sur sa feuille de route.

Titre du projet collectif

_____

1. Nom des membres   **Rôles**

_____   _____
_____   _____
_____   _____

2. Échéancier à préciser

_____
_____

3. Tâches de l'équipe à l'intérieur du projet collectif

_____
_____

Tâche de chaque membre

Nom _____   Tâche _____
Nom _____   Tâche _____
Nom _____   Tâche _____

4. Ressources humaines nécessaires   **Matériel**

_____   _____
_____   _____
_____   _____
_____   _____

5. Règles de vie de l'équipe

_____
_____
_____
_____

Cet aide-mémoire indique les éléments à conserver dans le dossier-projet.

Titre du projet collectif

1. Nom

2. Échéancier

3. Tâche

4. Ressources humaines **Ressources matérielles**

Cet aide-mémoire indique les éléments à conserver dans le dossier-projet.

Travail	
Collectif	❏
Équipe	❏
Individuel	❏

Nom : _____   **Date :** _____

Classe : _____

Objectifs d'apprentissage

Objectifs

_____

_____

_____

Critères

_____

_____

Réussite(s) : _____

_____

Amélioration(s) : _____

_____

Moyen(s) : _____

_____

Objectifs de développement personnel et social

Objectifs

_____

_____

_____

Critères

_____

_____

Réussite(s) : _____

_____

Amélioration(s) : _____

_____

Moyen(s) : _____

_____

À remplir et à conserver

• Aide-mémoire de l'équipe

_____

• Aide-mémoire de l'élève

_____

Commentaires – autoévaluation de l'élève

_____

Commentaires – enseignante ou parent

_____

_____

> *Toutes les informations consignées sur cette feuille de route*
> *serviront à rédiger le bilan du projet collectif.*

☐   **1.** Avez-vous planifié des périodes d'évaluation pour coréfléchir, pour remplir les feuilles de route collectives, d'équipe et individuelles, pour rédiger des commentaires ?

☐   **2.** Avez-vous révisé les objectifs d'apprentissage et de développement personnel et social ainsi que leurs critères ciblés à la phase II et en avez-vous discuté afin d'en reprendre ou d'en déterminer de nouveaux ?

☐   **3.** Vous êtes-vous assurée que les élèves ont conservé et daté leurs brouillons, leurs feuilles de route et leurs feuilles d'autoévaluation ?

☐   **4.** Avez-vous consigné vos observations et vos commentaires pendant toute la durée de cette phase ? (bulletin)

☐   **5.** Vous êtes-vous assurée régulièrement que chaque équipe a fait état de ses difficultés ou de ses bons coups auprès du groupe-classe ?

☐   **6.** Avez-vous révisé l'ordre chronologique des tâches et l'échéancier ?

☐   **7.** Avez-vous facilité la démarche de résolution de problèmes quand il y a eu des conflits ?

PHASE IV Communication du projet collectif

Les élèves et l'enseignante communiquent leur projet collectif au public désigné.

Comme le projet collectif est une production concrète, valorisante et utile, il doit être présenté à un public extérieur à la classe de façon que celui-ci puisse, par ses commentaires, valoriser l'utilité de la production et les apprentissages réalisés par les élèves. Le public peut suggérer des améliorations possibles pour un projet ultérieur. Certains projets collectifs peuvent être utiles pour répondre à un besoin particulier de la classe et ne sont donc pas présentés à un public extérieur.

Avant de présenter le projet, il est important de faire une répétition devant la classe ou une autre classe afin de modifier, au besoin, certains détails.

Au moment approprié, l'enseignante questionne les élèves pour les amener à réfléchir et à accepter toutes les décisions collectives, d'équipe ou individuelles nécessaires à la communication du projet collectif.

Cette phase se divise en dix étapes.

Jouer au soccer pour développer des liens avec les parents.

Questions clés 🔑

PHASE IV : Communication du projet collectif

	PROJET	DOSSIER
COGESTION	• Quelles modifications devons-nous apporter à la communication et à son échéancier, s'il y a lieu ? • Comment allons-nous organiser la présentation du projet ? • Quel rôle chaque élève jouera-t-il ? • Quels invités assisteront à la répétition ? • Comment recueillerons-nous les commentaires du public ?	• À quel moment remplirons-nous nos feuilles de route ? • Que devons-nous conserver dans le dossier ?
CORÉFLEXION	• Que pouvons-nous consulter pour poursuivre le projet ? • Quels problèmes reste-t-il à résoudre ? • Comment avons-nous pris nos décisions collectives ? • Qu'avons-nous réalisé en fonction du but du projet collectif ? • Notre façon de recueillir les commentaires du public était-elle adéquate ?	• Comment avons-nous choisi nos critères ? • Comment avons-nous discuté de nos critères d'évaluation ? • Comment nous sentons-nous face à la communication ?
COÉVALUATION	• Qu'avons-nous appris ? • Qu'avons-nous aimé ? • Qu'avons-nous trouvé difficile ? • Sommes-nous satisfaits des résultats ? • Avons-nous atteint notre but ?	• Quels objectifs d'apprentissage avons-nous faits au regard de la communication du projet ? • Quels comportements devons-nous améliorer ? • Quels moyens avons-nous trouvés pour mieux apprendre ?

Les élèves et l'enseignante communiquent leur projet collectif au public désigné.

Ils conservent, dans un dossier, les feuilles et tous les documents pertinents qu'ils utilisent lors de cette phase.

---

1. Réviser les objectifs et les critères d'apprentissage et de développement personnel et social ciblés à la phase III.

2. Confirmer ou modifier la communication et son échéancier (public, date, heure, lieu, durée).

3. Organiser le déroulement de la communication (invitations, autorisations, remerciements...).

4. Confirmer les rôles de chacun ou de chaque équipe.

5. Vérifier les ressources humaines et matérielles.

6. Réviser les règles de vie.

7. Faire une répétition générale de la communication et en conserver des traces pour l'évaluation.

8. Communiquer le projet.

9. Recueillir les commentaires du public et des équipes. Voir la feuille « Phase IV – Feuille de route – Commentaires ».

10. Prévoir des périodes d'évaluation afin de coréfléchir, de remplir les feuilles « Phases IV – Feuille de route – Coévaluation », « Phases I-II-III-IV – Aide-mémoire de l'élève » et « Phase IV – Aide-mémoire de l'enseignante » et de compléter le dossier.

S'assurer que chacun effectue les tâches essentielles pour mener à bien la communication du projet collectif et est satisfait.

Description des dix étapes

ÉTAPE I

- Réviser les objectifs et les critères d'apprentissage et de développement personnel et social ciblés à la phase III.

Les élèves et l'enseignante révisent les objectifs d'apprentissage et de développement personnel et social consignés sur la feuille de route. Ils les adaptent au besoin. En participant à la sélection de ces objectifs et de ces critères, les élèves comprennent mieux ce qu'ils doivent apprendre et comment ils vont l'apprendre.

ÉTAPE 2

- Confirmer ou modifier la communication et son échéancier (public, date, heure, lieu, durée).

Après avoir parcouru toutes les phases d'élaboration et de réalisation du projet, c'est maintenant le moment de le communiquer selon le but fixé au départ et pour le public déjà ciblé.

L'enseignante avec les élèves consultent les aide-mémoire élaborés aux phases II et III afin de communiquer le projet au public désigné. Toutes les informations pertinentes relatives à la communication y sont consignées.

Les élèves et l'enseignante confirment au public la date, l'heure et le lieu de la communication en essayant de respecter le plus possible ce qui a été prévu. Toutefois, des contraintes incontournables d'espace, de temps ou autre exigent parfois d'apporter des modifications.

Il est important de présenter le projet, même si ce dernier n'est pas tout à fait au point. Cela va permettre aux élèves de prendre conscience de l'importance de coordonner efficacement les différentes tâches pour réaliser un projet collectif en respectant l'échéancier. Les discussions qui s'ensuivent en sont d'autant plus riches et plus conformes à la réalité de la vie.

ÉTAPE 3

- Organiser le déroulement de la communication (invitations, autorisations, remerciements...).

L'enseignante et les élèves doivent prévoir toutes les tâches qu'ils ont à faire pour pouvoir communiquer leur projet.

Exemples de tâches à organiser

- confirmer auprès de la direction les dates, les heures et toutes les décisions d'ordre budgétaire, s'il y a lieu ;
- faire un programme, un ordre du jour ;
- rédiger les lettres d'invitation à adapter selon les invités (direction, parents, amis, autres classes, autres enseignantes) ;
- préparer des affiches publicitaires, au besoin ;
- préciser l'échéancier du déroulement de la communication ;
- imprimer les feuilles de route prévues pour recueillir les commentaires du public ;
- décorer la salle.

ÉTAPE 4

- Confirmer les rôles de chaque élève ou de chaque équipe.

L'enseignante et les élèves doivent distribuer les différentes tâches et les rôles que chacun doit faire pour pouvoir présenter la communication.

Exemples de rôles à prévoir

- animateur
- responsable des remerciements
- placiers
- responsable des décors
- responsable de l'audiovisuel
- responsable de l'horaire
- responsables de la nourriture, s'il y a lieu
- responsable de la collecte des commentaires

ÉTAPE 5

- Vérifier les ressources humaines et matérielles.

Les élèves et l'enseignante dressent la liste de toutes les personnes-ressources et du matériel nécessaires pour réaliser la communication. Ils s'assurent de la présence des personnes-ressources et du rôle que chacune d'elles doit tenir durant la communication. Ils doivent aussi veiller à ce que le matériel nécessaire à la communication soit au bon endroit et fonctionne bien.

ÉTAPE 6

- Réviser les règles de vie.

Les élèves et l'enseignante discutent des règles de vie auxquelles ils doivent faire attention pour que la communication réussisse.

Exemples de règles de vie

- se parler entre nous à voix basse;
- respecter le déroulement de la communication;
- se déplacer en marchant;
- s'entraider pour le bon fonctionnement de la communication;
- accepter de remplacer pour dépanner;
- être souples quant aux changements imprévus.

ÉTAPE 7

- Faire une répétition générale de la communication et en conserver des traces pour l'évaluation.

Les élèves et l'enseignante doivent répéter devant un auditoire restreint pour que celui-ci puisse faire des commentaires constructifs quant à la communication. Le responsable de l'audiovisuel peut filmer la répétition afin que la classe puisse s'observer et faire les modifications nécessaires à une meilleure communication.

Exemples de questions pour recueillir des commentaires

- Le contenu est-il pertinent par rapport au but du projet?
- Le débit des participants est-il satisfaisant?
- Le rythme de la présentation est-il efficace?
- La communication est-elle trop courte ou trop longue?

ÉTAPE 8

- Communiquer le projet.

L'enseignante et tous les élèves sont excités à l'arrivée de la communication. Chacun attend le public invité: parents, autres classes, direction... C'est le temps de présenter à ce public la concrétisation d'un travail authentique de longue haleine.

La fierté de démontrer les compétences acquises individuelles et collectives amène différents apprentissages: interagir les uns avec les autres; trouver des solutions aux problèmes rencontrés; prendre conscience du processus, des stratégies et de l'interdépendance des rôles de chacun. Voilà ce qu'apporte la communication du projet. Sans avoir développé une complicité dans la réalisation des tâches et l'engagement de chaque membre du groupe, le but du projet n'aurait pu être atteint. C'est ce qui leur apporte une grande valorisation.

Avant de présenter le projet, chacun se rappelle les dernières décisions collectives prises lors de la répétition. C'est le temps de suivre le déroulement de la communication, de se faire confiance et de faire aussi confiance aux encouragements du public.

- Recueillir les commentaires du public et des équipes. Voir la feuille « Phase IV – Feuille de route – Commentaires ».

Le responsable de la collecte des commentaires et son équipe distribuent au public la feuille de route. Ils doivent aussi s'assurer de la recueillir après la communication. Les commentaires permettront de prendre des décisions collectives lors des choix de projet ultérieurs.

- Prévoir des périodes d'évaluation afin de coréfléchir, de remplir les feuilles « Phase IV – Feuille de route – Coévaluation », « Phases I-II-III-IV – Aide-mémoire de l'élève » et « Phase IV – Aide-mémoire de l'enseignante » et de compléter le dossier.

Il est important que la classe garde tous les documents produits pour évaluer le travail réalisé et pour modifier ce qui reste à accomplir. Les questions de la cogestion, de la coréflexion et de la coévaluation facilitent le questionnement et les prises de décision. Après chaque période de travail en projet, lors d'une réunion de la classe, *les élèves* :

- font part des progrès du projet ;
- font état des problèmes rencontrés et des solutions à mettre en place ;
- donnent l'objectif de la prochaine période de travail.

De plus, chaque élève consigne les apprentissages réalisés sur sa feuille de route.

Travail	
Collectif	❏
Équipe	❏
Individuel	❏

Titre du projet : _____

Nom : _____ **Date :** _____

But du projet collectif

Quoi ? _____

Pourquoi ? _____

Pour qui ? _____

Quand ? _____

Commentaires (élève, enseignante ou parents)
Le but défini plus haut a-t-il été atteint ?

_____

_____

_____

_____

_____

_____

_____

_____

_____

Suggestions

_____

_____

_____

_____

_____

_____

_____

Travail	
Collectif	❏
Équipe	❏
Individuel	❏

Titre du projet : _____

Nom : _____ **Date :** _____

Objectifs d'apprentissage

Objectifs

_____

_____

_____

Critères

_____

_____

Réussite(s) : _____

_____

Amélioration(s) : _____

_____

Moyen(s) : _____

_____

Objectifs de développement personnel et social

Objectifs

_____

_____

_____

Critères

_____

_____

Réussite(s) : _____

_____

Amélioration(s) : _____

_____

Moyen(s) : _____

_____

Commentaires – autoévaluation de l'élève

_____

_____

_____

_____

Commentaires – enseignante ou parent

_____

_____

_____

Toutes les informations consignées sur cette feuille de route serviront à rédiger le bilan du projet collectif.

☐ **1.** Avez-vous planifié des périodes d'évaluation pour coréfléchir, pour remplir les feuilles «Phase IV – Feuille de route – Coévaluation» collectives, d'équipe et individuelles et pour rédiger des commentaires?

☐ **2.** Avez-vous révisé les objectifs d'apprentissage et de développement personnel et social ainsi que leurs critères ciblés à la phase III et en avez-vous discuté afin d'en reprendre ou d'en déterminer de nouveaux?

☐ **3.** Vous êtes-vous assurée que les élèves ont conservé les documents les plus pertinents reliés à la communication ou à la production afin de justifier l'atteinte des objectifs individuels, d'équipe et collectifs?

☐ **4.** Avez-vous prévu du temps pour recueillir les commentaires du public et des autres équipes?

☐ **5.** Avez-vous consigné vos observations et vos commentaires durant toute cette phase? (bulletin)

Bilan du projet collectif

Après avoir achevé les quatre phases du projet, vient le moment d'analyser ce qui a été réussi et ce qui est à améliorer collectivement, en équipe et individuellement dans le projet collectif.

Parmi les documents de son dossier, l'élève fait une sélection qui justifie ses apprentissages et appuie son autoévaluation. Ainsi, il construit son portfolio. C'est une période qui lui permet aussi de créer des liens entre chaque projet et de mieux comprendre les apprentissages qu'il doit poursuivre.

Au moment approprié, l'enseignante questionne les élèves pour les amener à réfléchir et à accepter toutes les décisions collectives, d'équipe ou individuelles nécessaires au bilan du projet.

Le bilan se divise en quatre étapes.

Questions clés 🔑

BILAN DU PROJET COLLECTIF

	PROJET	DOSSIER
COGESTION	• Quand allons-nous faire le bilan du projet collectif ? • Comment allons-nous procéder pour faire le bilan du projet collectif ?	• À quel moment réviserons-nous nos feuilles de route ? • À quel moment remplirons-nous notre feuille de bilan ? • Comment allons-nous sélectionner les documents dans le dossier ? • Quels documents allons-nous ranger dans le portfolio ?
CORÉFLEXION	• Comment avons-nous consigné nos améliorations à retenir lors d'un prochain projet ? • Pouvons-nous expliquer ce qui nous a permis de réussir notre projet ? • Pouvons-nous expliquer pourquoi nous n'avons pas réussi le projet ? • Que retenons-nous de cette expérience ?	• Avons-nous expliqué nos difficultés ? • Avons-nous expliqué nos réussites ? • Comment avons-nous sélectionné les documents les plus pertinents qui justifient nos réussites ?
COÉVALUATION	• De quoi sommes-nous le plus fiers ? le plus satisfaits ? • Que pourrions-nous améliorer ? • Quels moyens allons-nous prendre pour améliorer notre prochain projet ?	• Avons-nous décrit ce que nous savons maintenant ? • En quoi sommes-nous les meilleurs ? • Avons-nous décrit ce que nous pourrions améliorer ? • Quels moyens allons-nous prendre pour mieux apprendre ?

Bilan du projet collectif – Feuille de route des quatre étapes

Les élèves et l'enseignante décident des réussites et des améliorations collectives, d'équipe et individuelles à retenir pour un projet collectif ultérieur.

---

1. Prévoir des périodes d'évaluation afin de consulter les quatre feuilles « Phases I-II-III-IV – Feuille de route – Coévaluation » et l'aide-mémoire « Bilan du projet collectif – Aide-mémoire de l'enseignante », et de remplir la feuille « Bilan du projet collectif – Coévaluation ».

2. Sélectionner dans le dossier-projet les documents qui justifient les réussites et les améliorations inscrites sur la feuille « Bilan du projet collectif – Coévaluation » et les insérer dans le portfolio de chaque élève avec le bilan du projet collectif.

3. Partager, entre les partenaires, les informations contenues dans le portfolio afin de les compléter, au besoin, et de les utiliser pour évaluer les apprentissages et rédiger le bulletin scolaire.

4. Consulter le contenu du portfolio avant de commencer un nouveau projet collectif afin d'assurer le suivi des apprentissages.

Bilan du projet collectif – Coévaluation

Travail	
Collectif	❑
Équipe	❑
Individuel	❑

Titre du projet : _____

Nom : _____ **Date :** _____

À retenir pour le prochain projet

Objectifs ciblés (voir la feuille de route)	Réussites	Améliorations	Moyens
But du projet collectif Quoi ? Pourquoi ? Pour qui ? Quand ?			
Phase I Démarrage et adoption du projet collectif	Document(s) à l'appui ❑		
Phase II Élaboration du projet collectif	Document(s) à l'appui ❑		
Phase III Réalisation du projet collectif	Document(s) à l'appui ❑		
Phase IV Communication du projet collectif	Document(s) à l'appui ❑		

Commentaires (retenir les commentaires qui reviennent le plus souvent sur les feuilles de route)

_____

_____

> *Sélectionner les documents au dossier qui justifient la réussite*
> *et les placer dans le portfolio.*

1. Avez-vous planifié des périodes d'évaluation afin de remplir les bilans :

❑ • individuels ?

❑ • collectifs ?

❑ • d'équipe ?

❑ **2.** Vous êtes-vous assurée que les élèves ont consulté et sélectionné les documents pertinents à conserver dans leur portfolio ?

❑ **3.** Avez-vous consigné vos observations et commentaires (bulletin) en consultant les feuilles de bilan ?

❑ **4.** Vous êtes-vous assurée que les élèves ont inclus leur feuille de bilan dans leur portfolio afin de poursuivre les apprentissages à améliorer lors d'un prochain projet collectif ?

Types de projets collectifs

Écoutez nos élèves, ils sont créatifs ! Voici quelques exemples de projets réalisés.

Pourquoi faire un projet ?

Pour faire   Pour savoir
Pour s'amuser avec les autres
Pour résoudre un problème
Pour mieux comprendre mon environnement   Pour...

J'ai plein d'idées de projets !

QUOI ?	POURQUOI ?	POUR QUI ?	QUAND ?
Faire un échange	pour développer des liens avec les aînés	pour les aînés	le 18 décembre
Préparer une fête	pour célébrer la fin de l'année	pour nous	le 22 juin
Faire une enquête sur les valeurs nutritives d'un repas servi à la cafétéria de l'école	pour savoir si les repas servis à la cafétéria sont équilibrés	pour les élèves de l'école	le 15 mars
Décorer et organiser la classe	pour avoir un environnement agréable	pour nous	le 2 septembre
Faire un livre sur les fleurs	pour mettre dans la bibliothèque de l'école	pour toute l'école	le 19 mai
Faire un jeu questionnaire sur les règles de grammaire	pour jouer avec une autre classe	pour nous et l'autre troisième année	le 18 janvier
Faire une vidéo	pour illustrer les talents de chacun	pour les parents	le 12 décembre
Présenter un défilé de mode	pour présenter les nouvelles tendances	pour toute l'école	le 25 mai
Préparer un téléjournal	pour être au courant de l'actualité	pour les classes de cinquième année	le 20 octobre
Ramasser des fonds	pour aider les enfants malades	pour l'organisme Enfants-soleil	le 30 septembre
Organiser la visite d'un auteur	pour le connaître	pour les deux classes de sixième année	le 10 avril
Organiser un vernissage d'œuvres d'art	pour présenter nos réalisations	pour les autres classes et les parents	le 10 juin
Organiser un concert de flûte	pour faire connaître les pièces apprises	pour une autre classe	le 29 mai
Organiser une classe verte	pour vivre une expérience en dehors de Montréal	pour nous	du 9 au 11 juin
Organiser une visite de Montréal	pour faire connaître Montréal	pour l'autre quatrième année	le 15 avril
Présenter un spectacle de marionnettes	pour donner un spectacle en français	pour la classe de première année	le 20 novembre
Préparer une exposition de robots	pour fabriquer des robots	pour les autres maternelles et les parents	le 28 mars

La construction collective d'une pratique

Dans un document présentant des comptes rendus d'expériences, nous nous attendons à retrouver des modèles conformes aux concepts théoriques de l'approche proposée. Pour cette partie de notre livre, nous avons fait le pari contraire : décrire nos projets à leurs débuts et en évolution pour mieux mettre en valeur le postulat qu'appliquer la pédagogie du projet collectif, c'est d'abord et avant tout accepter, comme enseignantes, de s'inscrire dans un processus continu de changement.

Nous avons donc choisi de vous présenter des témoignages et des observations tirés de la pratique de plusieurs d'entre nous. Ils décrivent nos premiers projets et sont représentatifs de nos essais. Nous avons également inclus une courte description de notre cheminement personnel.

Ces récits ou rapports d'expériences visent à vous éclairer sur les motivations qui nous animaient à nos débuts et à vous sécuriser face aux doutes et aux appréhensions avec lesquels vous ne manquerez pas d'être aux prises.

Ces projets se situent dans différents domaines d'exploration :

- les différences individuelles ;
- le partage du pouvoir ;
- le questionnement et le consensus ;
- la définition d'objectifs et l'autoévaluation ;
- l'application de la pédagogie du projet collectif à différentes classes...

Nous espérons que ces témoignages réussiront à ajouter à ce livre une touche de réalité, qu'ils vous rassureront et vous inciteront à persévérer en pédagogie du projet collectif.

Toutes ces expériences nous ont permis de préciser les phases, d'élaborer les étapes telles qu'elles sont décrites précédemment et, surtout, elles nous ont donné le goût de vous faire partager notre pédagogie du projet collectif.

Une pédagogie qui tient compte des différences

Dès les tout premiers débuts de ma carrière d'enseignante, je me suis questionnée sur la place accordée dans l'enseignement à la variété des besoins des élèves, différents les uns des autres tant par leur rythme d'apprentissage que par leurs intérêts, leur situation familiale... Je voulais adopter une pédagogie qui tienne compte de ces différences. Il était donc primordial pour moi d'adapter mon enseignement en fonction de cet objectif. En travaillant en pédagogie de projet, j'ai constaté qu'elle s'adapte à tous les styles d'apprentissage ainsi qu'à toutes les intelligences des élèves. Avant de vous faire part de mes découvertes en ce sens, j'aimerais vous parler brièvement de mon cheminement.

Mon évolution en pédagogie de projet

Comme enseignante, j'ai appris au cours des dernières années à modifier mes pratiques pour les rendre de plus en plus cohérentes avec la définition de la pédagogie du projet collectif comme nous l'avons précisée dans notre groupe de recherche. C'est ainsi que je me suis penchée sur mon enseignement pour voir à quel point les objectifs que je me fixais me permettaient d'être en accord avec celle-ci.

Je me suis d'abord attardée à l'évaluation, sujet qui me préoccupe tout particulièrement quand j'essaie de vérifier les acquisitions de mes élèves sur les plans des objectifs d'apprentissage et du développement personnel et social. Je me suis alors aperçue que, au début de mon fonctionnement en pédagogie de projet, la plupart des évaluations des élèves, lors de la première et de la deuxième phase, se faisaient surtout oralement. Je désirais apprendre aux élèves à les consigner. Pour ce faire, j'ai commencé à expérimenter mes propres outils de travail. Consigner les évaluations me permettait de suivre les progrès de chacun et de mieux les évaluer. J'ai fait appel à l'autoévaluation des élèves, à l'évaluation des parents et à la mienne, mettant ainsi en pratique ma conception de la coévaluation.

Tout comme il en est pour mes élèves, il me reste des objectifs à atteindre pour rendre mon enseignement plus cohérent avec mes convictions, mais je sais que c'est en expérimentant que je peux le plus m'améliorer. J'estime que je dois prendre des risques lors d'un projet, au même titre que mes élèves. J'essaie donc constamment d'améliorer mon approche ainsi que les outils de travail que j'utilise.

Une ouverture sur la différence

Régulièrement, peu importe l'approche pédagogique, les enseignantes sont en présence d'élèves qui réagissent de façon inattendue, différente de la majorité de leurs camarades. Certains font de l'opposition, se découragent ou refusent de coopérer, d'autres sont indifférents, muets, impassibles ou s'ennuient. Quelques élèves peuvent agir ainsi parce qu'ils ont une image négative d'eux-mêmes ou parce qu'ils ont peur de ne pas pouvoir réussir la tâche qu'on leur demande et de se retrouver ainsi en situation d'échec. Il y a aussi les élèves qui ne trouvent pas l'occasion de développer leurs talents faute de défis et ceux qui ont des problèmes dans leurs relations sociales et qui ne savent pas comment les régler.

L'élève qui apprend à un rythme très rapide et de façon autonome a besoin d'occasions d'exercer ses intelligences tout comme celui qui éprouve de la difficulté à suivre le rythme de la classe. Mon expérience m'a permis de réaliser que la pédagogie de projet peut permettre à chaque élève d'évoluer selon ses besoins et son rythme d'apprentissage.

Une enseignante qui s'intéresse à cette pédagogie de projet se pose souvent des questions comme celles qui suivent :

Comment appliquer cette pédagogie à la réalité de ma classe ?

Comment ferais-je avec les élèves en difficulté, les élèves qui ne s'intègrent pas facilement, ceux qui travaillent plus lentement ?

Que faire avec ceux qui dérangent, s'amusent, refusent de s'engager ou sabotent tout simplement le travail des autres ?

La pédagogie de projet réussira-t-elle à résoudre ce type de problèmes ?

Ces questions sont très pertinentes et demandent que l'on prenne le temps d'y réfléchir et d'y répondre. Chaque élève peut éprouver des difficultés si l'enseignement qu'on lui offre ne répond pas à ses besoins.

Selon mon expérience, les projets collectifs proposent à l'élève :

- une démarche axée sur l'autonomie et la résolution de problèmes ;
- une intégration au groupe par le développement des habiletés coopératives ;
- une prise en charge de son apprentissage par la poursuite d'objectifs personnels ;
- un partage du pouvoir.

Une démarche axée sur l'autonomie et la résolution de problèmes

En pédagogie du projet collectif, l'enseignante encourage les élèves à trouver eux-mêmes les solutions aux problèmes qui se posent. Ils découvrent ainsi que les erreurs font partie du processus d'apprentissage. Il est important de leur faire prendre conscience comment elles peuvent les aider à améliorer leurs stratégies et leurs connaissances.

Un élève qui vit des échecs répétés a souvent des réactions émotives fortes. Lorsqu'il travaille pour la première fois en projet, il ne sait pas toujours comment réagir ni s'adapter à cette nouvelle autonomie et à cette nouvelle façon de régler un problème. Le groupe et l'enseignante ont alors le rôle important d'aider l'élève à trouver sa place au sein de l'équipe.

Ainsi, cette année, les élèves voulaient faire une maison hantée. Le consensus s'est fait très rapidement, car tous les élèves envisageaient ce projet avec enthousiasme. Ils ont ensuite proposé plusieurs idées en s'inspirant de maisons hantées qu'ils avaient déjà visitées et ils ont établi la liste des tâches à réaliser. Ils ont suggéré, par exemple, de décorer la classe, de créer un coin cimetière, un autre avec Dracula, avec des boîtes d'horreur... Puis ils se sont groupés en équipes. Évidemment, comme c'était leur première expérience en pédagogie du projet collectif, ils ont dû affronter quelques difficultés. Ainsi, certains élèves ont oublié d'apporter le matériel nécessaire à la réalisation des tâches. Ces élèves ont dû s'asseoir avec leurs partenaires afin de trouver une solution. Ensemble, ils ont décidé d'écrire un aide-mémoire pour la maison.

Un autre problème est survenu : une petite fille, qui avait choisi de faire partie d'une équipe au début, a manifesté le désir, le lendemain, de travailler avec une autre équipe. Après discussion avec les équipes touchées, il a été décidé qu'elle pourrait changer d'équipe cette fois-ci, car c'était la première fois qu'elle faisait un projet. Cette élève avait des problèmes sur le plan scolaire et s'intégrait difficilement aux autres ; c'était donc tout un défi pour ses nouveaux partenaires de travailler avec elle. Pendant deux jours, ils ont essayé de l'aider à trouver une tâche, mais sans succès. À chaque suggestion, elle répondait : « Je ne sais pas comment faire ça ! ». Ils ont fini par lui proposer d'aller demander au concierge des sacs verts dans lesquels elle pourrait découper des banderoles qui seraient ensuite fixées au haut de la porte. L'équipe a très bien fonctionné à partir de ce moment-là, car les élèves avaient pris le temps de s'écouter, de s'aider et de chercher de nouvelles stratégies. La pédagogie du projet collectif favorise ce genre d'échange entre les élèves.

Les élèves ayant vécu de grandes difficultés à réussir dans une situation plus traditionnelle où ils ont peu de pouvoir prennent conscience de leurs forces au cours de ces expériences et en arrivent à avoir une image plus positive d'eux-mêmes. Leur comportement change petit à petit.

L'enseignante apprend aussi qu'au début ces élèves auront peut-être des réactions négatives, qu'ils auront tendance à se cantonner dans leur attitude habituelle, une certaine méfiance envers l'apprentissage s'étant installée en eux, mais qu'à la longue ils modifieront leur comportement.

En jouant un rôle actif lorsqu'une situation problématique surgit, l'élève apprend à compter sur ses ressources personnelles plutôt que sur l'adulte pour résoudre le problème. Certains élèves prennent plus de temps que d'autres pour acquérir les stratégies de résolution de problèmes ; ces élèves ont besoin d'encouragement, mais s'ils persévèrent, ils peuvent réussir.

L'intégration au groupe par le développement d'habiletés sociales

Comment solliciter ces élèves et les amener à trouver une place dans le projet ? Comment les amener à s'intégrer au groupe, à l'équipe et à établir de bonnes relations avec un ou des partenaires ? Quelles tâches peuvent-ils accomplir ?

Lors d'un projet vécu dans ma classe, un élève, qui éprouvait des difficultés lors des activités traditionnelles, a réussi à jouer un rôle dans la pièce de théâtre grâce à l'aide de ses partenaires. Au début, il errait dans la classe lors du temps consacré à la réalisation du projet. Il voulait apprendre un rôle, mais ne savait pas comment écouter les membres de son équipe, respecter leurs idées et se concentrer sur sa tâche. Il n'arrivait pas à rester assis avec ses pairs et tentait d'attirer leur attention pour cacher ses difficultés.

Je me suis alors interrogée pour déterminer le rôle que j'avais à jouer dans cette situation.

Pourquoi dérange-t-il ? Sait-il ce qu'il a à faire ? L'activité choisie est-elle signifiante, intéressante ? A-t-il quelque chose à faire ? Comprend-il ce qu'il a à faire ?

J'ai dû m'asseoir avec l'équipe à maintes reprises pour l'aider à trouver une solution au comportement dérangeant de l'élève. Oui, il voulait jouer un rôle, mais il n'arrivait pas à se rappeler son texte. Un jour, un membre de l'équipe lui a dit : « Je tiens à ce qu'on réussisse notre scène. Je vais t'aider à apprendre ton rôle. » Avec beaucoup de patience, il l'a aidé en ce sens et l'élève a pu jouer son rôle, avec un peu de gêne, certes, mais surtout avec beaucoup de fierté. Pour l'apprivoiser aussi au travail de groupe, on lui a permis, un autre jour, de participer au décor en lui faisant peindre une partie de la scène. Cette tâche rejoignait un de ses intérêts, les arts.

Pendant les différentes phases du projet, le rôle de l'enseignante est d'amener les élèves à développer des habiletés sociales en intégrant les stratégies de l'apprentissage coopératif et à s'approprier le pouvoir qu'ils ont d'être des acteurs dans la recherche de solutions. Leur influence est importante dans l'intégration de leurs camarades en difficulté, car ils veulent réussir leurs tâches d'équipe et, pour y arriver, il leur faut la collaboration de chaque membre. Ils trouvent souvent des solutions très créatives aux problèmes qui surgissent au cours des différentes étapes du projet, des solutions auxquelles l'enseignante elle-même n'aurait peut-être pas pensé.

La prise en charge par l'élève de son apprentissage par la poursuite d'objectifs personnels

Durant tout le projet, l'élève se fixe des critères d'évaluation adaptés à ses besoins, non calqués sur ceux des autres. Il apprend ainsi qu'il peut réussir, car il choisit des critères d'évaluation faisant appel à ses propres capacités.

Contrairement à certaines approches plus directives, la pédagogie du projet collectif lui permet de s'exprimer, d'expérimenter, de s'autoévaluer et de prendre en charge son apprentissage.

L'élève apprend que, s'il ne relève pas le défi qu'il s'est donné à une étape précise du projet, il peut continuer à y travailler lors des étapes suivantes. De même, s'il réussit trop facilement la tâche qu'il s'est donnée, il apprend à en choisir de plus difficiles.

L'enseignante accompagne l'élève dans ce cheminement, lui donne le temps de relever les défis qu'il s'est donnés et l'aide à se trouver de nouveaux critères lorsqu'il a atteint ceux qu'il s'était fixés.

Évidemment, pour que ces réussites soient possibles, il faut que l'enseignante adapte ses attentes en vue d'aider l'élève à choisir des critères réalistes et de lui permettre de vivre des succès. Il acquiert ainsi plus de confiance en lui et apprend petit à petit à relever les défis qu'il se donne. S'attendre que l'élève réussisse tout de suite à s'intégrer engendre des déceptions et fait considérer les difficultés rencontrées comme des échecs.

Un partage du pouvoir

À chaque phase du projet, l'enseignante incite chaque élève à exprimer son opinion, si ce n'est en grand groupe, c'est en petit groupe ou encore à un pair. Elle aide les élèves à valoriser celui ou celle qui exprime ses opinions et ses idées en l'écoutant attentivement et en émettant des commentaires respectueux, ce qui favorisera un échange plus productif entre les élèves. Cela peut aussi aider un élève qui ne participe pas aux discussions à exprimer d'abord une idée, puis deux, puis à défendre son point de vue. L'enseignante veillera à maintenir un climat positif lors des échanges.

Un exemple concret me revient en mémoire : un élève refusait avec énergie de se joindre au reste de la classe lors du consensus ; il découvrait le pouvoir qu'il avait sur les autres élèves en disant non à toutes leurs idées. Les élèves voulaient monter une pièce de théâtre sur le Moyen Âge et lui voulait absolument faire une vidéo sur une bataille dans l'espace. Après deux périodes complètes passées à essayer d'obtenir un consensus, un élève lui suggéra de filmer une scène du tournoi constituant un des tableaux de la pièce de théâtre. Celle-ci visait à présenter différentes scènes de la vie au Moyen Âge. L'élève a trouvé l'idée originale et a finalement accepté le projet. Animatrice et modératrice lors des échanges, j'ai essayé d'amener l'élève à écouter les arguments des autres élèves, puis à les commenter. L'élève réticent, se sentant écouté des autres élèves, a arrêté de s'opposer. Il s'est rendu compte aussi qu'il était à bout d'arguments pour justifier son idée, qu'il n'était pas perdant, puisqu'il y avait dans le tournoi un élément d'affrontement semblable à celui de la bataille dans l'espace qu'il proposait. De plus, il pouvait filmer la scène, s'il le désirait toujours.

Lors du consensus, l'enseignante aide les élèves à prendre conscience que l'important n'est pas d'imposer ses idées, mais de trouver des arguments convaincants et d'apprendre à respecter les opinions de chacun.

Les élèves comprennent alors qu'ils ont du pouvoir à chaque phase du projet et qu'ainsi ils ont plus de chance de relever les défis qu'ils se fixent. L'enseignante se sert de la coévaluation pour établir un partenariat entre les élèves, leurs parents et elle-même, ce qui est aussi un partage du pouvoir.

Le projet collectif demande donc des consensus, des résolutions de problèmes et une orchestration délicate de la part de l'enseignante, qui agit comme médiatrice et conseillère.

À la découverte de la pédagogie du projet collectif

En 1991-1992, après une vingtaine d'années d'essais et d'erreurs dans la profession d'enseignante, j'étais toujours à la poursuite d'une pédagogie qui engloberait le meilleur de ce que j'avais expérimenté tout en apportant du renouveau à mon enseignement. Plusieurs lectures sur la pédagogie de projet, effectuées à l'occasion d'un cours de recherche en pratique éducative, me laissaient entrevoir que j'avais peut-être trouvé l'outil que je cherchais depuis longtemps. Dès septembre suivant, j'ai commencé quelques expériences en classe. La première a été l'organisation matérielle de notre local. Mes élèves étaient très fiers de pouvoir décider eux-mêmes de l'emplacement des meubles de la classe. Plusieurs autres petits projets se sont greffés à celui-ci, dont la préparation d'une affiche descriptive pour se présenter aux autres élèves de la classe et permettre de mieux se connaître, ainsi que la rédaction d'un petit livre présentant son animal préféré. À ce moment-là, la communication des projets se faisait uniquement à l'intérieur de la classe.

C'est vers la mi-novembre qu'une production de classe m'a persuadée du bien-fondé de mon cheminement. Les activités accomplies au cours de ce projet ont eu une portée fort positive sur ma gestion de classe. Cela m'a amenée à effectuer plusieurs changements dans mon approche pédagogique, créant une grande complicité avec mes élèves. La pédagogie de projet venait de faire une nouvelle adepte.

Je connaissais déjà, par mes lectures, les phases et les étapes importantes d'un projet. Toutefois, c'est au cours de la réalisation du projet que je vais vous décrire que j'ai expérimenté avec mes élèves la façon de gérer un projet plus long et le partage du pouvoir.

Le **déclencheur** de notre premier grand projet avec communication à un public a été une visite au planétarium, en novembre. Cette année-là, on y présentait le système solaire. Les élèves ont été emballés de leur visite. Comme ils apprenaient déjà à travailler en projet depuis septembre, ils ont spontanément demandé que leur prochain projet ait pour thème l'espace.

Le thème a été choisi à l'unanimité. Plusieurs idées ont été énoncées et examinées pour préciser le projet ; en voici quelques-unes :

- écrire un livre ;

- préparer une exposition ;

- faire un bricolage ;
- monter une pièce de théâtre.

Après bien des discussions, les élèves ont retenu, par consensus, la pièce de théâtre. Ils voulaient l'écrire eux-mêmes et la présenter à l'autre classe de deuxième année. Cette idée les stimulait et les excitait beaucoup. Le **projet était adopté.** Nous étions prêts à **l'élaborer.**

Afin d'en connaître plus sur le thème de l'espace, nous avons consacré plusieurs périodes de lecture et de sciences à consulter des livres, en classe ou à la bibliothèque, à recueillir des photos et des articles dans des revues spécialisées, à visionner des bouts de vidéo... Le but de cette collecte de données était de faire une présentation à la classe (seul ou en équipe) d'une ou de plusieurs connaissances nouvelles acquises au cours de cette recherche.

Après avoir écouté tous les comptes rendus, j'ai demandé aux élèves des suggestions de sujets pour la pièce de théâtre. Puisqu'ils avaient beaucoup d'idées et que plusieurs d'entre elles les intéressaient, un des élèves a suggéré de jumeler les cinq idées les plus populaires afin de créer une pièce en cinq actes. Ensemble, nous avons ensuite discuté du genre de pièce qu'ils voulaient écrire. Ils ont choisi d'écrire un texte qui avait une partie « narrateur » et une partie « dialogue » pour chacun des cinq actes. Tous étant d'accord, nous pouvions passer à l'étape suivante, la **réalisation du projet.**

Nous avons formé des équipes qui avaient chacune la responsabilité d'écrire un acte. À la fin des séances d'écriture, un membre de chaque équipe faisait un compte rendu du travail accompli. Par la suite, chaque partie a été lue, critiquée et corrigée par les autres équipes et les cinq parties ont été mises en commun lors d'une réunion du groupe-classe. Il fallait maintenant trouver un titre à la pièce. Les suggestions ont fusé, nombreuses. Cela m'a permis de discuter avec les élèves des éléments importants pour qu'un titre « colle » bien à un texte. Ensemble, nous avons étudié chaque titre suggéré, parfois nous l'avons rejeté ou encore amélioré. Finalement, par consensus toujours, les élèves ont retenu : « Le voyage des astronautes dans l'espace ». Par la suite, nous avons préparé une liste des différentes tâches à accomplir et des rôles à partager : acteurs, lecteurs, accessoiristes, narrateurs... Certains rôles ont été attribués spontanément selon le choix de quelques élèves et l'assentiment des autres et les tâches qui restaient ont été distribuées au hasard à la suggestion du groupe.

Nous nous retrouvions, à cette étape du projet, durant la période de Noël. Nous étions si occupés que le temps manquait pour faire des activités de circonstance. Je trouvais cela triste et je leur en ai parlé. Ils m'ont tous affirmé qu'ils préféraient travailler sur leur projet. Quelle surprise et quel soulagement aussi ! Nous avons donc poursuivi notre réalisation.

Les élèves ont voulu fabriquer ensemble les décors et les costumes plutôt que de laisser cette tâche à une équipe en particulier. Quelques périodes d'arts plastiques ont suffi pour réaliser cette tâche commune. La caméra vidéo de l'école s'est avérée un outil précieux lors des séances d'exercice. L'enregistrement sur vidéo était stimulant et permettait l'autocritique. C'est à la suite de ce projet que j'ai constaté comment les enregistrements vidéo pouvaient aider à l'autoévaluation. Quelques chansons de l'espace, apprises avant notre visite au planétarium, ont été ajoutées à la pièce pour rendre la présentation plus vivante.

La préparation tirait à sa fin et nous avions reçu plusieurs demandes pour assister au spectacle : des parents d'élèves de la classe ainsi que de quelques enseignantes et élèves des autres classes. Nous avons donc décidé de faire une présentation devant toute l'école et une devant les parents des élèves de notre classe, au début de février.

Cette décision a fait germer d'autres idées. Les élèves voulaient faire des affiches incitatives à placer dans les corridors, écrire des lettres d'invitation aux parents et aux autres classes, préparer des billets d'entrée à distribuer à chaque invité. L'échéancier a été modifié pour en permettre la réalisation.

Puis, nous avons répété sur la scène du gymnase, visualisé la vidéo, fait les dernières critiques et retouches. Nous étions fin prêts pour le grand jour. **Le moment de la communication était arrivé.**

La présentation a eu lieu comme nous l'avions prévue. Notre classe a reçu des félicitations de toutes parts. Mes élèves étaient très fiers d'eux et moi aussi j'éprouvais de la fierté, autant pour leurs succès que pour mes essais.

Nous en étions maintenant à l'heure de l'autocritique et **du bilan.** Les commentaires des élèves à propos de chacune des phases du projet étaient très positifs et prouvaient le succès du projet. Nous avions souvent eu à modifier nos idées et nos échéanciers en cours de route, mais chaque fois il y avait eu consensus, spontanément ou après discussions, sur la façon de continuer et les changements à apporter. C'est incroyable ce qu'il y a eu d'apprentissages réalisés et d'habiletés acquises au cours de la préparation et de la présentation de ce projet : négociations, partages (du pouvoir surtout), échanges, remises en question..., et tout cela dans un climat de confiance et en route vers l'autonomie.

Par ailleurs, en partageant mes expériences avec mes collègues de cours et après maintes discussions, il est apparu évident qu'il était trop laborieux et risqué de procéder toujours de cette façon, c'est-à-dire par tâtonnements, à chaque projet. J'ai pris conscience qu'il manquait des étapes importantes à chacune des phases du projet, entre autres :

- préciser les règles de vie ;
- se fixer des objectifs précis à évaluer ;
- préparer des feuilles de route et de consignation ;

ou bien que certaines étapes n'étaient pas bien situées dans le projet, entre autres :

- déterminer les pourquoi ? pour qui ? quand ? comment ? dès le choix du projet ;
- prévoir un échéancier avant de passer à l'élaboration du projet ;
- dresser une liste des tâches à accomplir avant de passer à la réalisation du projet.

Il devenait essentiel d'élaborer un cadre où les phases seraient clairement définies, les étapes à suivre, bien déterminées, et les outils d'évaluation, adéquats.

C'est dans un tel esprit qu'est née l'idée de créer un guide pratique en pédagogie du projet collectif permettant d'avoir, dès le départ, une vue d'ensemble des phases et des étapes à suivre dans la réalisation d'un projet. Ce livre a été écrit en collaboration pour faciliter la mise en pratique de cette pédagogie qui a suscité chez nous un grand enthousiasme et un climat de partage.

Une application en classe du consensus et du questionnement en pédagogie de projet

Le témoignage qui suit décrit un projet réalisé dans une classe de deuxième année au moment où j'amorçais mon enseignement axé sur la pédagogie de projet ; il ne suit pas nécessairement les phases de la démarche décrite dans ce livre. Mon approche a évolué depuis, et c'est dans cet esprit que je vous la présente. Vous serez à même de juger que l'aspect « communication » de ce projet n'est pas tel qu'il aurait dû être, mais que, somme toute, il a été réalisé selon les quatre grandes phases.

Les élèves de la classe venaient d'un milieu défavorisé, et l'école les motivait peu ; certains avaient souvent des comportements agressifs envers les autres et ils ne savaient pas s'écouter. Je voulais favoriser la négociation tout en suscitant leur intérêt. La pédagogie de projet me semblait un bon choix puisque le projet est bâti selon les désirs et les idées du groupe et qu'au fur et à mesure qu'il progresse il permet aux élèves d'améliorer leurs habiletés sociales.

Comme mon enseignement intégrait déjà des projets et que j'avais proposé un premier projet en début d'année, celui de trouver une façon d'apprendre à se connaître, j'ai demandé aux élèves de trouver le sujet du prochain projet. La seule consigne que je leur ai donnée était que le projet devait faire l'objet d'un consensus au sein de la classe. Voici donc un résumé de ce projet.

Phase I : Le choix du projet

Dans un premier temps, les élèves sont en grand groupe et je leur pose la question « Quel projet aimerions-nous faire ? » Ceux-ci suggèrent plusieurs idées. Certains ne sont pas d'accord à propos des idées proposées, d'autres s'offusquent, quelques-uns se fâchent. J'insiste pour que tous les élèves acceptent le choix du projet, même si cela déplaît beaucoup à certains, qui suggèrent de voter. Je propose à ces élèves de réfléchir à ce que ressentiraient ceux qui n'ont pas choisi cette activité et qui doivent la faire quand même, alors que nous avions déterminé au départ qu'il fallait que tous soient d'accord. Je donne le temps aux élèves d'aller à fond dans leur réflexion, mais rien n'y fait ; on ne trouve pas d'idée qui rallie tout le monde.

Le lendemain, je propose donc aux élèves de faire un remue-méninges, c'est-à-dire d'écrire sur une grande feuille toutes les idées de projet qu'ils aimeraient faire ou toutes les choses qu'ils aiment. Pendant au moins une vingtaine de minutes, les élèves suggèrent des idées qui, à mon avis, ne sont pas des idées de projet mais plutôt des noms de places connues (McDonald's, Harvey's, Kentucky), des activités isolées à réaliser (colorier, dessiner, jouer) ou des mots (auto, bicyclette, moto, police, école, livre, chien, chat, serpent, ours). Lorsque je pense que tout le monde semble satisfait et n'a plus rien à dire, je termine l'activité. Durant toute cette discussion, je demande aux élèves d'écouter attentivement ce que les autres ont à dire en leur expliquant que souvent il nous vient des idées en écoutant les autres. Les enfants, comprenant qu'ils vont avoir leur tour pour parler, se montrent beaucoup plus patients et attentifs aux autres.

Nous essayons, dans un deuxième temps, de faire des liens entre certains mots. Je demande aux élèves s'il y a des mots qui peuvent être regroupés et, à l'aide de crayons feutres de différentes couleurs, je fais les regroupements qu'ils suggèrent. Ils mettent dans un même groupe tous les mots reliés à un même domaine : magasins, animaux, personnes et bricolage. Une élève suggère alors de faire une ville. L'idée est lancée spontanément et est tout de suite acceptée par la majorité des élèves. Il n'y en a que trois qui ne sont pas d'accord. Les autres demandent à ces élèves pourquoi ils ne sont pas d'accord et réussissent à en convaincre deux facilement. Le troisième veut construire quelque chose, mais il ne sait pas quoi. Les élèves parviennent à le rallier au projet en lui expliquant qu'il peut construire un élément de la ville. Ainsi, tous acceptent l'idée de construire une VILLE. Je remarque que les élèves, même s'ils devaient persuader les trois élèves qui n'adhéraient pas au projet, n'utilisaient pas de moyens de pression, mais procédaient par questionnement. Tout le groupe semblait assez attentif, car tous voulaient commencer le projet. Pour qui ? Pourquoi ? Ce sont les questions auxquelles nous allons répondre par la suite.

Phase II : L'élaboration du projet

Dans un deuxième temps, nous tentons de définir les différentes composantes d'une ville. Une fois le concept bien compris, nous passons à l'étape suivante. Je demande aux enfants : Qu'est-ce qu'on fait maintenant ? Ils reconnaissent facilement le besoin de faire des groupes. Combien en ferons-nous pour bien fonctionner ? Je laisse aux enfants le soin de trouver le nombre de groupes nécessaire. Ils en font quatre :

- les autos, les camions... (les moyens de transport) ;
- les maisons (les habitations) ;
- les magasins (les services) ;
- les personnes (les métiers).

Je leur demande ensuite de se placer dans un groupe et de choisir ce qui les intéresse. Les enfants doivent négocier pour arriver à former des groupes selon les directives données. Certains veulent faire partie d'un groupe donné, mais il est déjà complet. Ils doivent donc en trouver un autre qui leur convienne. Je remarque une grande volonté à essayer de s'entendre.

Ensemble, nous réorganisons la classe en plaçant les pupitres en fonction des groupes formés ; nous sommes maintenant prêts à préciser les tâches. Je demande qu'à l'intérieur de chaque équipe de quatre les élèves travaillent en groupe de deux, car il est encore très difficile pour des enfants de six et de sept ans d'avoir à négocier avec trois autres personnes continuellement. À l'occasion, je leur demande de le faire, mais pour ce deuxième projet la planification à deux est beaucoup plus simple.

Chaque groupe de deux doit écrire sur une feuille ce qu'il désire faire et placer sa feuille au tableau. Certains veulent explorer et faire des magasins, tandis que d'autres veulent fabriquer des personnes qui vivent dans une ville, construire des maisons spéciales ou encore parler des pompiers et des policiers. Nous faisons une mise en commun et nous nous mettons à la recherche de documents pertinents.

Nous trouvons des livres à la bibliothèque qui peuvent nous aider.

Tous les groupes de deux se mettent au travail. Ils lisent leurs livres, comparent instinctivement ce qu'ils ont trouvé et ce qu'ils aimeraient faire, ils discutent, et souvent je les entends négocier.

Ils doivent s'entendre sur le ou les objets à construire. Je circule dans les groupes et j'en profite pour les questionner : Pourquoi ? Comment ? Que penses-tu de... ?

Par la suite, chaque groupe fait une petite présentation orale de ce qu'il a trouvé dans ses livres et de ce qu'il aimerait fabriquer. Nous écoutons les présentations. Le groupe des personnes nous parle des policiers, des pompiers et des brigadiers. Le groupe des magasins explique qu'on doit avoir certains services tels que l'hôpital, le dentiste, le supermarché, la bibliothèque... Lorsque je leur demande ce qu'on fait quand il n'y en a pas, ils mettent beaucoup de temps à comprendre qu'on peut aller chercher ces services dans une autre ville. Deux enfants appartenant au groupe des moyens de transport expliquent l'importance des autos et des autobus et deux autres ont choisi d'expliquer quelques signes de la circulation. Ils insistent beaucoup sur l'enseigne de « Parent-Secours ». Le groupe des maisons explique qu'il y a des maisons pour une famille, pour deux familles et d'autres pour plusieurs familles, ainsi que des églises, des écoles... Je les questionne sur la sorte d'habitation qu'on retrouve le plus souvent en ville et leur demande pourquoi il en est ainsi. Puis je les interroge sur les habitations à la campagne. Deux membres d'un groupe et moi-même discutons de la grosseur des constructions.

Sophie : *Est-ce qu'on les fait petites ou grosses ?*

Moi : *Bonne question. Qu'est-ce que vous voulez faire ?*

Sophie : *On va les faire petites.*

Pedro : *Non, on va les faire grosses. Hum !...*

Moi : *Qu'est-ce que ça veut dire une grosse maison, une petite maison ?*

Pedro : *Grosse, c'est gros comme ça* (indiquant avec ses bras l'idée qu'il se fait d'une grosse maison).

Sophie : *Non, c'est plus grand que ça. C'est comme ça* (ouvrant largement les bras).

Moi : *Mais alors, c'est comment « petit » ?*

Sophie : *C'est petit comme ça* (montrant son pouce et son index).

Moi : *Qu'est-ce que nous allons faire ?*

Pedro : *Je le sais. Si on prenait les boîtes à l'arrière* (il prend une des deux boîtes de rangement que j'ai à l'arrière de la classe) *et que cette boîte soit une maison ?*

Sophie : *Non, cette boîte-là est beaucoup trop grosse pour une maison, mais elle peut être un gratte-ciel.*

Pedro : *Alors, on va prendre des boîtes plus petites pour les maisons.*

Moi : *Et qu'allons-nous faire des autos ?*

Pedro : *C'est facile. Des autos, c'est plus petit. On va trouver d'autres boîtes.*

Après plusieurs minutes de discussion, ils conviennent d'utiliser les dimensions des boîtes comme outils de référence. Telle grosseur de boîte sera une maison, telle autre sera une maison à plusieurs logements... Maintenant que l'échelle des dimensions des constructions est établie, qu'est-ce qu'on fait ?

Pedro : *On construit.*

Je les laisse faire. Deux minutes plus tard, ils viennent me voir pour savoir si j'ai une boîte, un rouleau vide de papier essuie-tout, une petite boîte carrée... Ma réponse est non. Nous sommes alors obligés d'arrêter la construction. Mais qu'est-ce qu'on peut faire ?

Sophie : *On va se faire une liste des choses dont on a besoin.*

Les enfants décident alors de dresser la liste des objets nécessaires à la fabrication de la ville. Ils peuvent vérifier auprès des autres élèves ou de moi-même pour trouver certains articles manquants. Encore une fois la communication est à son maximum.

Phase III : La réalisation du projet

Le lendemain, les enfants sont prêts à commencer leur construction. Il manque encore des choses, mais tous ont assez de matériel pour débuter ; on partage ce que l'on a. Les élèves construisent leurs modèles pendant deux après-midi. Je remarque, durant ces périodes, les efforts qu'ils fournissent pour s'entendre et résoudre les différents problèmes.

Lorsque les constructions sont terminées, nous en dressons la liste sur une grande feuille. Chaque équipe doit ensuite dessiner son plan de la ville rêvée en se référant à la liste et venir le présenter au groupe en justifiant ses choix. Une grande feuille, quatre personnes, ce n'est pas facile. Je demande aux élèves comment on peut faire pour réussir à tracer un plan : ils répondent qu'il faut se parler. Je les laisse travailler. Un seul groupe nécessite mon intervention : chacun des membres dessinait son plan sur le quart de la feuille. Le groupe recommence, mais l'entente sur le regroupement idéal est difficile à réaliser.

Un représentant de chaque groupe vient ensuite présenter le plan du groupe aux autres et expliquer son choix. Lorsque les quatre plans sont présentés et collés au tableau, je fais ressortir les différences qui existent entre les plans. Deux des plans sont dessinés selon une vue de face, un autre offre la vue de face et la vue en plongée et le dernier est dessiné en vue de plan ou vue d'en haut. Un des objectifs des sciences humaines étant de développer chez l'enfant l'habileté à dessiner un objet d'une façon symbolique, j'en profite pour en parler.

Nous choisissons ensuite un des plans. Les élèves se mettent vite d'accord sur celui qui offre le plus de précision et qui est le plus clair. Puis nous passons à l'exécution. Sur le tapis de la classe, j'ai collé de grands morceaux de papier blanc de trois mètres sur un mètre. Chaque groupe place ses constructions sur le papier en suivant le plan ; les enfants demandent ensuite à tracer des chemins. Ils discutent pour savoir où placer le premier objet, car il faut qu'ils se repèrent sur la grande feuille. Ils y arrivent.

Lorsque nous avons terminé, je reviens sur les plans et la vue d'en haut. Je donne à chaque groupe de quatre une autre grande feuille blanche et je demande aux élèves de dessiner notre ville vue d'en haut. Pour certains, cette activité n'est pas facile à réaliser. Cet exercice du plan offre la possibilité d'aller se placer au-dessus de l'objet à reproduire, comme si l'on était en avion, et de tracer l'objet tel qu'on le voit.

Je demande aux élèves ce qu'ils pensent de leur ville maintenant qu'elle est finie.

– *Elle est belle.*

– *Elle est grande.*

– Je suis content.

– Est-ce qu'on peut faire un autre projet ?

– Il n'y a pas de parc avec des arbres ?

– Non, c'est vrai, il n'y a pas beaucoup d'arbres...

Pourquoi ?

– Parce que nous avons oublié d'en faire beaucoup.

Mais pourquoi avons-nous oublié ?

– Hum !

Est-ce que nous voyons beaucoup d'arbres lorsque nous marchons pour aller à la piscine tous les vendredis ? (Nous marchons un kilomètre et demi pour nous rendre à la piscine le vendredi sur un boulevard assez achalandé.)

– On en voit 10.

– 25, 38, 44...

Que dirais-tu si la prochaine fois qu'on va à la piscine on essayait de compter les arbres qu'il y a ?

– Ah oui !

Le vendredi suivant nous en profitons pour compter les arbres qui longent le chemin. Mais cette activité suscite beaucoup de questions et de remarques de la part des élèves.

– Devons-nous compter les arbres sur les deux côtés de la rue ?

– Est-ce qu'un arbuste est aussi un arbre ?

– Il n'y en a pas beaucoup !

De retour en classe, je les questionne : Qui a un arbre près de sa maison ?

– Moi, j'en ai à la campagne.

– Il y en a chez nous en arrière de la maison.

– Ils viennent juste d'en planter beaucoup sur la grande rue derrière l'école.

Mais à quoi ça sert un arbre ? En avons-nous vraiment besoin ?

Voilà une question qui laisse les enfants songeurs. C'est une question génératrice de perplexité, qui demande qu'on fasse une autre recherche.

Phase IV : La communication du projet

Dans un dernier temps, les élèves, très fiers de leur ville, proposent de faire venir d'autres classes ainsi que la directrice pour leur montrer notre travail. Les commentaires recueillis sont très positifs et les enfants doivent expliquer à plusieurs reprises comment ils ont fait pour construire leur ville et pourquoi ils ont choisi tel ou tel service.

Malheureusement, à cette époque, je n'avais pas encore mis en place l'autoévaluation comme le propose ce livre. Ce n'est qu'un peu plus tard que j'ai compris toute la richesse qui se dégageait des commentaires venant des autres lors de la phase de la communication pour amener les élèves à s'autoévaluer et à mieux comprendre leur propre processus d'apprentissage.

Bilan

La phase du bilan ne s'est pas déroulée d'une façon aussi formelle que le propose ce livre, puisque j'en étais encore à mes débuts. Par contre, nous avons amplement discuté de notre projet. Les élèves ont bien aimé se faire dire par leurs pairs qu'ils avaient réussi leur projet et ils pouvaient aussi commenté leur travail ; ils en étaient tellement fiers ! C'est d'ailleurs eux qui ont insisté pour faire un autre projet. Nous avons pris le temps de nous demander ce que nous devrions faire de mieux, de voir ce que nous avions réussi et ce qui pourrait nous aider pour le prochain projet. Tel a été notre bilan.

Note

Cette réussite allait lancer ma classe à l'assaut d'autres projets, car les élèves étaient forts intéressés à continuer. Ils avaient goûté au plaisir du succès et étaient prêts à recommencer. Pour ma part, j'avais aimé voir leur motivation et leurs compétences s'améliorer.

De projet en projet, le groupe d'enseignantes dont je fais partie, qui se rencontrait de façon régulière pour partager ses expériences, a donc compris l'importance de la communication des projets et du bilan pour aider les élèves à mieux comprendre leur propre façon d'apprendre. Par la suite, nous avons mis en place une façon d'évaluer ces apprentissages puisque nous étions toutes soumises à la nécessité d'évaluer nos élèves périodiquement.

Cette application que je viens de vous présenter se situe au cœur même de notre apprentissage à nous, pédagogues, et n'est pas nécessairement le modèle idéal de la pédagogie du projet collectif tel que nous vous le présentons dans cet ouvrage. Il s'agit plutôt d'un indice du long cheminement qui nous a menées à la rédaction de ce livre.

Un projet à la maternelle

J'aimerais partager avec vous mon expérience avec les petits. Il y a quelques années, lorsque la maternelle était à demi-temps, j'enseignais aux petits le matin et aux élèves de cinquième année l'après-midi. Comme je faisais de la pédagogie de projet avec les grands, je me suis dit que je pouvais certainement appliquer les mêmes principes pédagogiques à mes jeunes élèves de maternelle et les inciter à travailler en projet.

Initier les élèves à la pédagogie du projet collectif

Mon premier défi était de leur faire comprendre ce qu'était un projet. J'ai profité du rassemblement du matin pour demander aux élèves ce qu'ils voulaient apprendre en maternelle, ce qui les intéressait... Les élèves m'ont parlé des animaux, des jouets, des tortues Ninja (à la mode à l'époque) et un élève m'a parlé de robots. Il voulait savoir comment fonctionnaient les robots, comment on les fabriquait... Un autre élève lui a répondu qu'il pouvait en apporter un et je me suis aussi offerte à apporter celui de mon fils. C'est là que les élèves ont manifesté le désir de faire un projet sur les robots.

L'élaboration du projet

Le lendemain, nous avions les robots en classe. Ceux-ci ont servi de déclencheurs à un remue-méninges sur tout ce qu'on pouvait faire sur ce thème. Les élèves ont mentionné, entre autres, les idées suivantes :

- faire des robots en utilisant des matériaux variés ;
- faire une exposition de nos robots et inviter l'autre maternelle à les voir ;
- écrire des histoires de robots ;
- apprendre des chansons de robots ;
- apprendre les mouvements d'un robot.

Les élèves ont choisi d'inviter leurs parents et l'autre maternelle à venir voir l'exposition que nous ferions avec toutes nos réalisations. Ils voulaient en profiter aussi pour chanter une chanson sur les robots. Les élèves étaient enthousiastes et ils ont décidé de se mettre au travail au plus tôt !

La réalisation du projet

Petit à petit se dessinaient les différentes composantes de notre premier projet. Les élèves ont formé des équipes selon leurs intérêts et, dans certains cas, selon les amis avec qui ils voulaient travailler. Ils ont ensuite choisi ce qu'ils voulaient faire en particulier.

Certains élèves se sont mis à écrire de petits livres sur les robots, d'autres ont fait des robots avec de la pâte à modeler, deux élèves ont écrit une grande lettre d'invitation à l'autre maternelle en s'appuyant sur un modèle que nous avions composé ensemble, d'autres ont fabriqué des robots avec des blocs Lego.

En voyant les robots que certains élèves avaient faits, d'autres élèves ont manifesté le désir de faire aussi un robot seul ou en équipe avec différents matériaux. Les robots se trouvaient très souvent mentionnés dans leur journal personnel. Je pouvais facilement constater le grand intérêt que suscitait le projet auprès de mes jeunes élèves.

L'évaluation du projet

Lors de l'autoévaluation journalière, les élèves évaluaient s'ils avaient respecté les règles de vie que nous avions établies pour le projet.

Puis ont suivi la présentation des chansons sur les robots et la visite de l'exposition par les parents et les élèves de l'autre maternelle. J'évaluais aussi, durant tout le projet, la participation des élèves et l'atteinte des objectifs qu'ils s'étaient fixés. J'observais ainsi si les élèves qui avaient manifesté le désir d'écrire un livre réalisaient la tâche qu'ils avaient définie avec moi pour y parvenir. Évidemment, je m'assurais que les élèves comprenaient le processus d'écriture d'un livre. Mon rôle consistait aussi à leur fournir des modèles pour les aider à réaliser leurs tâches et leur permettre ainsi d'atteindre leurs objectifs.

Une pédagogie qui s'adapte à différents niveaux

À mes débuts en pédagogie de projet, mon système d'évaluation d'un projet n'était pas aussi perfectionné que maintenant et la coévaluation se faisait de façon plus globale. Les phases du projet n'étaient pas aussi clairement définies.

Cependant, c'est ce projet qui m'a convaincue que cette pédagogie s'appliquait autant aux plus jeunes qu'aux plus vieux. J'avais eu le même raisonnement lorsque j'avais essayé l'autoévaluation à la maternelle pour la première fois. Je m'étais dit, à ce moment-là : « Si je peux y arriver avec des élèves de dix à douze ans, pourquoi ne le pourrais-je pas avec des petits de cinq ou six ans ? » Puisque j'avais réussi à déclencher ce processus avec les grands de quatrième et de cinquième année, je pouvais sûrement y arriver avec les plus jeunes en appliquant les principes de base de l'autoévaluation.

Il faut tenir compte de l'âge de nos élèves, bien sûr, et s'attendre à ce que notre contribution soit plus concrète, comme c'est souvent le cas avec des élèves de cet âge. On doit alors se dire que les projets choisis n'ont pas besoin d'être très recherchés pour se traduire par des succès. On doit souvent travailler sur de plus courtes périodes avec les plus jeunes.

Le développement des habiletés

Par contre, on cherche à développer les mêmes habiletés que chez les élèves des autres classes, soit le développement de l'autonomie, la coopération, la coévaluation et le partage du pouvoir, tel que nous le prônons. Les objectifs visés sont à la mesure du développement cognitif, émotif et social de nos élèves, et c'est en tenant compte de ces facteurs que nous arrivons à appliquer cette pédagogie avec les petits.

Le développement de l'autonomie

J'ai eu le plaisir de constater la débrouillardise de mes petits élèves et d'en être émerveillée. C'est lors des projets que j'ai trouvé la motivation de mes élèves plus élevée, car je les consultais comme des grands lors des différentes étapes et cela les valorisait. Mes collègues et les parents étaient agréablement surpris de découvrir l'autonomie des élèves lors de la communication de notre projet. Souvent, on mésestime la capacité des jeunes enfants et on pense qu'il est nécessaire de tout planifier pour eux. Au contraire, j'ai trouvé que leurs idées étaient souvent originales et réalisables, par exemple, fabriquer des robots avec du matériel auquel je n'aurais pas pensé.

C'est donc ce premier projet avec de tout jeunes élèves que je voulais partager avec vous. Souvent, je me suis fait dire : « Ils sont trop petits pour ça ! ». Mon expérience personnelle m'a démontré que c'est plutôt notre vision de leur autonomie qui limite les projets que l'on se permet de faire avec eux. Bien sûr, je ne nie pas qu'il survient des problèmes et parfois des obstacles à franchir, mais n'est-ce pas le propre de n'importe quelle pédagogie ?

De la pédagogie de projet à la pédagogie du projet collectif

C'est en expérimentant différentes façons et approches suggérées dans la documentation traitant de la pédagogie de projet que je suis arrivée à faire mienne la pédagogie décrite dans ce livre. J'ajouterai aussi que je continue, avec le temps, de peaufiner mon enseignement en utilisant la pédagogie du projet collectif tout en m'adaptant, chaque année, à mes nouveaux élèves.

Ce qui m'a amenée à explorer la pédagogie de projet dans un premier temps, c'est le désir de rendre mes élèves plus autonomes. Cette année-là, j'avais un groupe d'élèves de première année très turbulents. Je faisais face, à mon sens, au plus grand défi de ma carrière d'enseignante et mon curriculum vitae affichait, à ce moment-là, quinze ans d'expérience au primaire. Ce n'était pas facile de travailler avec ce groupe et souvent j'étais prise au dépourvu tellement je trouvais les élèves déroutants.

Un cours universitaire hors campus en pédagogie de projet s'ouvrait alors au sein de ma commission scolaire. Je m'y suis inscrite avec d'autres enseignantes. La petite graine que j'ai semée ce jour-là m'a permis, depuis, de résoudre plusieurs problèmes pour mes élèves et pour moi-même.

J'ai entrepris mes premières expérimentations en gardant bien en tête la définition d'un projet. Faire un projet mettait immédiatement mes élèves sur la scène. Je recherchais ce genre de pédagogie parce que je sentais que mes élèves en avaient besoin pour apprendre.

Dans ma pratique, je ne vous cacherai pas que je me suis heurtée à des embûches et je ne vous dirai pas non plus que j'ai tout réussi du premier coup. Cependant, je constate que travailler en pédagogie du projet collectif suscite dès le départ l'intérêt des élèves.

Sur le plan du développement social, j'observe que la pédagogie du projet collectif permet d'améliorer la coopération, la communication, l'interaction avec les autres élèves et les adultes, la confiance en soi, le respect des autres, l'acquisition du sens des responsabilités, la prise de décision et la résolution de problèmes.

Sur le plan du développement émotif, je constate qu'elle permet d'améliorer l'image de soi, la confiance en soi, le sens des responsabilités, l'habileté à faire face aux situations, le sens de l'organisation et les habitudes de travail vers une plus grande autonomie.

Sur le plan du développement cognitif, elle permet de développer des habiletés et de faire des apprentissages au regard des objectifs visés.

Tous ces avantages m'encouragent à poursuivre mon expérimentation.

Coopération

Pour ce faire, je prends le temps de mettre en pratique dans ma classe l'approche coopérative en empruntant toutes les idées, les méthodes, les trucs, les livres, le potentiel humain qui peuvent m'aider en tant qu'enseignante.

Cogestion

Dans notre classe, tous les murs et les tableaux deviennent des espaces d'affichage et nous n'hésitons pas à déplacer les pupitres, si cela s'avère nécessaire à nos projets et à nos réunions. Toutes les décisions sont prises ensemble.

Cette façon de faire nous incite à ranger nos affaires personnelles. Nous évitons le superflu. Nous avons cependant à l'arrière de la classe dix boîtes qui nous servent pour la récupération (rouleaux de papier, images, journaux, contenants...) et où chacun a le droit d'aller puiser sans demander la permission.

Règles de vie

La principale règle de vie commune dans notre classe est le respect de l'autre en ayant de bonnes manières dans notre agir et dans notre langage. Nous en discutons ensemble, puis nous démarrons.

Au fil des jours, nous ajoutons quelques règles, si le groupe en voit la nécessité. Nous nous donnons le temps qu'il faut pour les mises en commun et la résolution de problèmes.

Mon rôle n'est pas de punir s'il y a manquement à une règle, mais plutôt de faciliter la réflexion positive et la communication entre les parties afin de conscientiser le ou les élèves et de susciter un meilleur comportement au bénéfice du groupe et du projet.

Coévaluation

Adopter un projet, c'est aussi accepter de le mener à terme ensemble suivant les possibilités de chacun. Il m'apparaît important de dire ici que, lors de mes premiers projets, je cherchais à évaluer la progression de l'élève à chaque phase d'un projet, puis à évaluer les progrès de l'élève d'un projet à l'autre. Avec le temps, j'ai compris qu'il fallait établir des objectifs clairs et des critères d'évaluation pour nous donner une direction dans nos apprentissages afin de faciliter la coévaluation.

Pour ce faire, je relève des objectifs et des critères d'évaluation dans les programmes et j'en discute avec les élèves. Chaque élève cible un ou deux objectifs avec les critères d'évaluation s'y rattachant et note le tout dans son document d'autoévaluation. Il doit le consulter continuellement pendant le projet pour garder en tête les objectifs à atteindre dans ses apprentissages. À l'aide des critères d'évaluation, il apprend à s'autoévaluer et il conserve cet outil pendant toute l'année scolaire. Ce document constitue aussi un outil personnel auquel j'ajoute mes observations et mes commentaires pour faire mes bulletins.

Je note mes observations dans un cahier pour confronter l'autoévaluation de l'élève et les commentaires de ses parents.

Je dois admettre que j'ai mis du temps à individualiser l'évaluation en pédagogie du projet collectif et je continue à raffiner mes outils de travail.

Exemple de projet réalisé par des élèves de première année : Présenter un livre à d'autres élèves

Phase I : Démarrage et adoption du projet

Je suis allée dans un atelier d'écriture donné par un enseignant. Celui-ci nous a parlé de ce qu'il fait dans sa classe : les élèves écrivent des livres et les publient. Ces livres sont rangés dans la bibliothèque de la classe pour inciter les autres à lire. À mon retour, j'ai fait part à mes élèves de mes découvertes et c'est à partir de cette conversation qu'ils ont exprimé le désir d'écrire eux aussi des livres. Nous venions de franchir la phase de démarrage et d'adoption du projet avec consensus dans un temps record !

Pour adopter un projet collectif, je n'ai pas toujours eu le consensus en ce qui a trait au choix du projet. Il nous a fallu comprendre que la satisfaction ne se situe pas seulement dans le choix du projet, mais aussi dans la répartition des tâches. C'est souvent en questionnant et en imaginant le projet que nous avons obtenu le consensus.

Nous avons trouvé ce que nous voulons faire.

Pourquoi voulons-nous faire des livres ?
Pour écrire, pour dessiner, pour lire...

Pour qui voulons-nous faire des livres ?
Pour nous, pour les lire aux amis, pour les lire aux autres classes et peut-être pour les lire aux parents.

Et pour quand ?
De **combien de temps** avons-nous besoin (échéancier)?
– Entre nous, c'est quand l'un d'entre nous est prêt.

– Pour les autres classes, c'est quand tout le monde en a écrit au moins un.

– Pour les parents, c'est quand on a plusieurs coups de cœur.

Ces décisions sont discutées, négociées et acceptées par tous les élèves de la classe. Nous prenons tout le temps nécessaire pour faire cette phase.

Ce que je retiens concernant le démarrage et l'adoption d'un projet, c'est que les élèves sont prêts à réaliser un tas de choses, mais ils ne sont pas toujours réalistes. Ils éprouvent de la difficulté à évaluer ce qu'un projet comporte tant et aussi longtemps qu'ils ne l'ont pas expérimenté.

C'est pourquoi, je m'efforce de les éclairer et de les informer tout en demeurant à leur niveau. Il n'est pas nécessaire de viser la perfection dans la réalisation de nos premiers projets. Au fur et à mesure que les élèves accumulent des connaissances et développent des habiletés, les projets s'améliorent.

Phase II : Élaboration du projet

Avant de passer à la seconde phase, nous sélectionnons des critères d'évaluation ensemble et chaque élève en choisit un ou deux et les inscrit dans son document d'autoévaluation. C'est sur ces critères qu'il s'évalue à la fin de la phase.

Pour comprendre comment écrire des livres, nous examinons plusieurs livres d'histoire mentionnant l'auteur et l'illustrateur. Ensuite, nous remarquons que les pages sont numérotées, qu'il y a du texte ou des dessins sur les deux côtés des pages et que la couverture est cartonnée. Nous sélectionnons le matériel approprié : papier, carton, crayons à mine, crayons de couleur et agrafeuse.

Une autre question surgit :

Par quoi commence-t-on un livre ?
• par confectionner le livre ?
• par écrire les mots de l'histoire ?
• par les images ?

Après coréflexion, nous décidons que nous pouvons commencer par le texte ou les dessins, mais que la reliure du livre se fera après les corrections. Nous choisissons quelques critères d'évaluation : format du livre, utilisation de la règle pour se faire des lignes pour écrire et formation des lettres.

Eh bien ! nous découvrons que les auteurs se font aider et qu'ils consultent des dictionnaires. Nous résolvons cette insécurité en nous donnant le droit de nous entraider dans tous les domaines et même en faisant un livre en collaboration (formation d'équipes).

Il est important de tenir compte des talents et des goûts de chacun tout en misant sur l'entraide pour les tâches qui semblent moins intéressantes.

Nous avons chacun un dictionnaire illustré, mais le besoin d'y ajouter des mots se fait vite sentir et c'est à moi qu'est revenue cette tâche, que j'ai remplie avec plaisir en affichant les nouveaux mots. Voilà, nous pouvons commencer ! Nous franchissons la phase de l'élaboration du projet.

Ce que je retiens de cette phase, c'est que nous avons pris le temps de discuter et d'échanger sur ce que font véritablement les écrivains lorsqu'ils veulent publier un livre et cela a clarifié dans l'esprit des élèves ce qu'ils ont eux aussi à faire. Prendre le temps est une notion que je trouve très importante en pédagogie du projet collectif.

Je remarque que, dans la phase II du projet, les critères d'évaluation les plus sollicités sont ceux se rattachant au développement personnel et social.

Phase III : Réalisation du projet

Réaliser un projet est la phase qui amène à mon sens le plus d'action, car il s'agit d'effectuer les travaux nécessaires à la réalisation du projet. Aussi mon rôle est-il celui de guider, de susciter l'intérêt et l'action, d'encourager et de soutenir les élèves.

Les élèves commencent leur travail en révisant les critères d'évaluation que nous nous sommes donnés à la phase II.

Lorsqu'un élève termine la rédaction d'une histoire, il vient d'abord me la lire. C'est un moment privilégié entre lui et moi. Il précise son idée et, si elle n'est pas suffisamment claire, nous y apportons quelques corrections.

Je remarque que les élèves sont moins dépendants de moi pour corriger leur histoire. Ils me consultent seulement pour un mot ou une phrase qu'ils n'arrivent pas à écrire correctement. Je consens à les aider, mais je leur demande d'écrire eux-mêmes au tableau les mots que je dicte. Comme cela, les mots nouveaux peuvent servir aux autres. En outre, cela me permet de remarquer la façon dont ils forment leurs lettres et d'y apporter des corrections ; par exemple : l'orientation des accents, la différence en français et en anglais entre le « i » et le « e » ainsi que le « j » et le « g ». C'est pour eux un excellent exercice et, de plus, ils adorent écrire au tableau.

Cependant, pour éviter la file d'attente, j'adresse le plus souvent possible un élève à un autre ou une équipe à une autre. Comme je connais avec le temps les possibilités de chacun ainsi que les nouvelles connaissances reliées à son travail, je peux demander : « Qui peut aider Paul à écrire ce mot ? » ou bien : « Marie a de la difficulté à dessiner son chien, qui peut l'aider ? » ou je peux tout simplement dire aussi : « Paul, Marie aurait besoin de ton aide, as-tu quelques instants pour elle ? » Je propose aux élèves de lever la main lorsque je demande : « Qui a besoin d'aide ? » Je rencontre ceux que je dois aider.

Entre-temps, les élèves peuvent continuer leur travail ou aider un camarade. Cette façon de faire découle des décisions que nous prenons au sujet du respect des autres et de l'importance de prendre le temps de bien faire les choses. Nous respectons de plus en plus les possibilités de chacun sans oublier les miennes. Je fais partie de la classe et je me dois de ne pas me faire oublier. Nous avons appris à être patients et à s'entraider tout en avançant dans notre projet.

Grâce à la coréflexion, nous pouvons apporter des éclaircissements ou proposer de nouvelles solutions. Je remarque qu'en agissant ainsi les élèves résolvent souvent eux-mêmes leurs problèmes.

Ce que je retiens de cette phase, c'est que nous développons ensemble des habiletés de travail en coopération. Nous améliorons notre façon de communiquer, de résoudre nos problèmes, de nous respecter et nous devenons de plus en plus autonomes, et ce, en quelques semaines seulement. Nous sommes fiers de nous!

Phase IV: Communication du projet

Quel grand moment que celui où l'élève lit son livre aux autres élèves de la classe! C'est un arrêt que nous savourons. C'est aussi le moment de réviser les critères d'évaluation.

Au fil des jours, nous nous rendons compte que la production augmente très vite. Ensemble, nous décidons de cumuler au moins cinq livres avant de les lire aux autres à la fin ou au début de nos périodes de travail.

Lorsqu'un élève termine un livre, nous invitons à tour de rôle une classe parmi celles de maternelle, de première et de deuxième année pour une vingtaine de minutes. Sept ou huit élèves lui présentent et lui lisent alors leur livre. Nous répétons ces moments tant et aussi longtemps que nous produisons des livres. Ce projet s'est inséré dans notre horaire jusqu'à la fin de l'année. L'enthousiasme à écrire des livres persistait.

À la fin de l'année, nous avons sélectionné nos coups de cœur et nous avons invité les parents à venir entendre nos histoires préférées. Nous les avons reçus deux jours, durant 30 minutes par jour au début de la journée.

Bilan du projet

Le bilan d'un projet trouve son importance en ce qu'il permet de partager, de commenter et d'évaluer l'ensemble du projet. Nous compilons tous les commentaires: les nôtres, ceux des parents, ceux des autres classes, des enseignantes et de tous ceux qui participent directement ou indirectement à notre projet. Nous notons les points forts et les points à améliorer afin d'en tenir compte lors d'un prochain projet. Même si ce projet a duré toute l'année, nous avons tenu compte de nos bilans occasionnels pour nous améliorer et progresser.

Nous nous reportons aux critères sélectionnés à chaque phase du projet pour savoir quoi évaluer. Parmi ces critères, je peux mentionner: je parle en français avec mes amis, je parle à voix basse, je marche dans la classe, j'interromps le travail des autres seulement si cela est nécessaire, j'utilise ma règle pour faire des traits, je forme bien mes lettres, je fais attention à la qualité de mes dessins et à la propreté de l'ensemble, je lis à voix haute et lentement, je mets de l'expression, j'écoute bien les autres, j'encourage les autres...

Chacun fait son bilan à l'aide de son document d'autoévaluation et relève ses acquis et ses points à améliorer. C'est notre point de départ pour le prochain projet ou pour l'amélioration du projet que nous voulons prolonger.

Je suis étonnée du savoir-faire dont certains élèves ont fait preuve. Par ailleurs, d'autres manquaient d'expérience et ont préféré observer. Mais au fil du temps, tous ont mis leur grain de sel. Tous les élèves ont appris à accepter la critique positive parce qu'ils comprenaient mieux sa raison d'être. Je remarque que le bilan démontre où chacun est rendu dans son évolution et que chaque élève peut ajouter graduellement quelques critères d'évaluation lors de nouveaux projets.

Je retiens de cette étape le fait que les élèves développent les habiletés à résoudre des problèmes et à faire face aux situations qui les touchent de près. Ils acquièrent une meilleure compréhension des relations de cause à effet ; autrement dit, ils acceptent les conséquences agréables ou non qui découlent de leur comportement. J'observe que mon interaction avec les élèves a changé pour le mieux. Plusieurs élèves ont amélioré l'image qu'ils ont d'eux-mêmes. Ils ont développé leur confiance en eux et dans les autres. Ils ont aussi acquis le sens de l'organisation et des responsabilités. L'attention que les autres leur ont portée est très valorisante pour chacun. Ils ont compris que de petits talents peuvent devenir grands. Ils sont fiers d'eux.

Conclusion

J'enseigne maintenant en cinquième année en immersion française. L'expérimentation de cette pédagogie auprès d'autres classes m'a permis aussi de découvrir que les projets que les élèves choisissent eux-mêmes sont en rapport avec leurs besoins et que, si je les laisse aller eux-mêmes dans la direction qu'ils choisissent, ils peuvent évoluer selon leur rythme. Il ne me reste plus qu'à les guider.

Les mots n'égaleront jamais une expérience vécue. Je souhaite que ce partage vous donne le goût d'une escapade vers cette façon d'apprendre. En expérimentant la pédagogie du projet collectif avec mes élèves, j'ai pris conscience de toute la portée et de l'ouverture que cette pédagogie crée dans le vaste domaine des apprentissages.

Un projet en première année

Commencer un projet avec mes élèves de première année dès le mois de novembre m'apparaissait un peu téméraire, compte tenu de l'âge des élèves et du fait qu'ils vivaient le passage de la maternelle à la première année. C'est donc avec un peu d'hésitation que je me suis lancée ! Mon expérience en pédagogie du projet collectif avec les plus vieux allait certes m'aider.

Tout d'abord la phase I : on accepte toutes les idées proposées. À ma grande surprise, je trouve leurs idées très diversifiées et bien intéressantes. Cela me motive à continuer. Les deux critères d'autoévaluation pour la phase I sont les mêmes pour tous et il est certain que je les guide beaucoup.

Comme la phase I est une activité de grand groupe, les critères sont :

- Je choisis au moins deux idées de projet ou
  je me limite à deux idées de projet (selon l'élève).

- J'écoute la personne qui s'adresse au groupe.

Il va sans dire que, pour des élèves de six ans, ce n'est pas facile d'atteindre ces objectifs, mais ceux-ci rejoignent les objectifs des programmes de développement personnel et social (coopérer avec les autres) ainsi que ceux du français oral (réagir en fonction de son ou de ses interlocuteurs). Pour un premier projet, tous ont les mêmes défis à relever. Je veux présenter aux élèves un modèle qu'ils pourront adapter personnellement aux prochains projets.

Après avoir trouvé plusieurs sujets, nous les regroupons sous des titres plus généraux ; ce sont les thèmes intégrateurs. Ces thèmes sont décrits et expliqués afin de pouvoir bien les connaître pour faire une sélection appropriée. Deux grands thèmes ressortent de façon claire : « Apprendre le karaté » et « Faire du bricolage ». Pour arriver à ces deux sujets, je demande aux élèves de choisir un thème préféré. Nous éliminons ainsi quatre thèmes pour conserver les deux plus populaires. Un dilemme survient : les élèves ont fait des choix auxquels ils tiennent absolument et les discussions mènent à une impasse ! Je laisse les élèves trouver des solutions. J'interviens seulement pour faire réfléchir les élèves qui choisissent absolument leurs idées sans se préoccuper des choix des autres élèves. Quoi de plus naturel à cet âge d'agir ainsi !

Après plusieurs discussions en grand groupe, un élève fait une suggestion : « PRÉSENTER UN SPECTACLE DE KARATÉ », ajoutant que cela pourrait plaire à tous puisqu'un spectacle exige un décor, ce qui demande de faire des arts plastiques. Tous adhèrent à cette suggestion. J'ai vraiment laissé les élèves réfléchir aux solutions proposées. Étaient-elles réalisables ? équitables ? Les discussions ont été très constructives et la qualité des interventions, étonnante pour des élèves de cet âge. J'ai aussi remarqué que l'attitude et le comportement des élèves s'amélioraient au fur et à mesure que le projet avançait. La qualité des interventions ainsi que l'attention portée à chacun de ceux qui s'adressaient au groupe s'amélioraient constamment. L'autoévaluation, entre autres, a permis cette amélioration, car les élèves ont pris l'exercice au sérieux.

Nous décidons de présenter le spectacle à la classe de maternelle, et ce, dans trois jours.

Nous commençons la phase II avec beaucoup d'enthousiasme. Avant de passer à l'action, je demande aux élèves s'ils pensent que l'échéancier est réaliste, que le projet est réalisable. Je veux aussi savoir si tous sont toujours d'accord avec le projet et ce qu'ils pensent apprendre en le réalisant.

Voici ce qu'ils m'ont dit vouloir apprendre :

- à faire du karaté ;
- à expliquer comment faire du karaté ;
- à faire un décor ;
- à faire une présentation orale ;
- à préparer un spectacle.

Je m'aperçois qu'il sera facile d'atteindre plusieurs objectifs des programmes d'études du ministère de l'Éducation (par exemple, en arts plastiques et en français).

Nous voilà donc rendus à la phase III ! Nous énumérons les tâches à réaliser et nous préparons l'organisation des équipes. Nous devons maintenant travailler en petits groupes. Parallèlement, il faut trouver des volontaires pour :

- rédiger l'invitation ;
- penser à la présentation des artistes et du décor ;
- penser à la façon d'évaluer le spectacle.

Pendant que les élèves qui ont le mandat d'enseigner le karaté préparent leur cours, le reste de la classe effectue les autres tâches. Le défi à relever est maintenant de parler en français. C'est tout un défi dans un contexte d'immersion française, car les élèves n'ont pas toujours le réflexe de communiquer en français entre eux.

Je découvre des élèves différents ; ils sont enthousiastes et pleins d'idées ! Il est certain que l'organisation de l'événement demande une grande participation de ma part ; les élèves sont par contre très heureux de sentir qu'ils ont un pouvoir de décision. Je tiens à leur démontrer que c'est NOTRE projet. Toutefois, certains élèves semblent un peu perdus ; cela fait partie du processus d'apprentissage. Je me rends compte aussi que le travail prend parfois une direction hors contexte quand je ne suis pas présente. L'équipe du décor est en revanche très autonome, la tâche étant peut-être plus facile à exécuter. Plus les groupes sont petits, mieux les élèves travaillent. Les élèves sont très conscients du peu de temps que nous avons et veulent avancer. Les quelques séances d'exercice de l'équipe du karaté ont amélioré la maîtrise des mouvements et des professeurs volontaires sont venus à tour de rôle présenter leurs mouvements. Entre-temps, je discute avec eux de la présentation du spectacle, de la conclusion et de l'appréciation.

Pendant tout le projet, il m'apparaît important d'interroger les élèves sur les défis à relever et les apprentissages faits quotidiennement. Les séances d'exercice sont nombreuses et les critiques constructives sont les bienvenues. J'essaie d'installer un climat d'écoute durant les discussions.

Nous voilà au jour de la présentation. Tous sont bien excités, mais prêts. Chacun connaît son rôle. Les élèves de la maternelle sont bien heureux de l'invitation et assistent au spectacle très attentivement. Avant de partir, nous leurs demandons de donner leur appréciation du spectacle. Les résultats sont concluants : c'est une réussite !

Les élèves sont très fiers et ont fait preuve d'une grande autonomie ! Nous concluons le projet en faisant un bilan des apprentissages effectués et des défis relevés. Les élèves doivent remplir la feuille de bilan et répondre aux questions posées à la phase II. Je lis les questions aux élèves en leur donnant des précisions : « As-tu appris à faire un décor ? », « As-tu réussi à te représenter en posant des actions ou à représenter plusieurs personnages sur un grand papier ? », « As-tu réussi à bien placer des dessins dans l'espace ? » Les questions ont un lien direct avec le programme du ministère de l'Éducation en arts plastiques. Je continue le bilan en me reportant aux objectifs du programme.

L'expérience s'avère très positive et cela me motive à recommencer bientôt. Je n'ai aucun doute sur les apprentissages nombreux et variés que mes élèves ont faits durant ce projet.

La découverte de soi à la rencontre des autres

Travailler de concert avec les différences individuelles nous mène quelquefois sur des chemins insoupçonnés. L'interaction des questions-réponses, des points de vue, des faits et gestes en projet nous amène à mieux connaître les autres. Elle peut aussi nous conduire à la découverte de nos propres ressources intérieures, bien souvent inexplorées. En effet, l'insertion dans un groupe de travail, la confrontation des idées, les différentes tâches à accomplir nous portent à nous questionner sur nous-mêmes, sur nos forces, nos carences, nos doutes, nos goûts et à trouver des réponses à ces questions.

L'expérience que j'ai vécue avec mes élèves m'en convainc. Sans toucher à tous les détails, je vais vous faire part des points qui ont retenu mon attention. Au mois de juin 1998, mes élèves de deuxième année, pour boucler leur année scolaire, ont décidé de faire un projet à caractère ludique. Ils ont suivi la démarche décrite dans ce présent ouvrage. Il est donc inutile de vous l'exposer de façon exhaustive. Voici ce que j'ai constaté.

À propos de l'adoption du projet

Si le démarrage du projet s'est effectué dans la participation harmonieuse de tous, son adoption a provoqué des remous et des moments de vive tension. En effet, après le remue-méninges, le regroupement et l'élimination des idées moins populaires, les élèves ont abouti à deux idées passionnantes autour desquelles s'étaient polarisées deux équipes adverses. Il s'agissait de monter un zoo ou d'organiser une partie de basket-ball.

Un groupe était favorable au zoo, tandis que l'autre avait opté pour le sport. Un débat houleux a eu lieu et chaque partie tenait mordicus à son choix.

Que faire, puisque, selon notre modèle, l'adoption du projet repose sur le consensus des membres du groupe-classe ?

En attendant, j'éprouvais une immense satisfaction à voir délibérer ces jeunes élèves sur un ton sérieux et convaincant.

Finalement, les deux camps retranchés dans leur position respective ont dû faire des concessions mutuelles. Un élève a fini par proposer de faire une journée olympique chez les animaux.

Cette proposition a été prise en considération et a suscité un mouvement d'ouverture dans l'autre groupe.

Finalement, après une longue discussion, la classe a changé complètement d'idée et a proposé un nouveau projet qui a rallié tous les élèves.

> **Quoi ?** Organiser un match de soccer.
>
> **Pourquoi ?** Pour s'amuser et aussi pour amuser les parents, les enseignantes et les amis de l'autre deuxième année.
>
> **Quand ?** Le 15 juin.

À propos de mes élèves

Au cours de cette première phase, j'ai constaté que les élèves, même les plus réservés, ont participé chaleureusement. Tous se sont évertués à penser, à parler, à échanger et à s'écouter mutuellement, d'où un exercice cognitif fructueux, une pratique de communication verbale, d'expression orale, d'enrichissement du vocabulaire et de prise de conscience des autres.

À propos de mes préoccupations et de mon rôle

Ce choix définitif répondait au goût de chacun, sauf au mien. J'étais sceptique quant aux objectifs d'apprentissage à établir. De plus, le sport me laissait indifférente. Quels apprentissages scolaires pourraient résulter d'un tel sujet? Allait-il donner lieu à des réflexions fécondes, à une démarche de changement ou de dépassement des objectifs d'apprentissage et de développement personnel et social? Je voyais plutôt à travers ce sujet une activité récréative et non motivante sur le plan intellectuel.

Cependant, j'ai donné libre cours à la détermination des élèves. Je me suis mise alors à leur écoute, sachant qu'en pédagogie du projet collectif l'enseignante ne se veut pas la détentrice d'un pouvoir absolu ni l'unique dépositaire et pourvoyeuse de connaissances.

J'accepte de bonne grâce de mener la gestion de la classe en collaboration avec mes élèves, notamment dans les prises de décision.

Ainsi, mon rôle dans ce projet consiste principalement à guider, à informer, à modérer, à provoquer des réflexions, à apporter des précisions et à aider à trouver les connaissances nécessaires. Puis arrivent le partage des tâches et la coordination de l'ensemble des actions et des décisions.

J'ai donc fait ma part de concessions à l'instar des deux groupes d'élèves.

À propos du déroulement

Pour s'évaluer, les élèves avaient choisi les objectifs suivants et les critères d'évaluation s'y rapportant:

OBJECTIFS D'APPRENTISSAGE	OBJECTIFS DE DÉVELOPPEMENT PERSONNEL ET SOCIAL
On va apprendre: • à bien jouer au soccer • le vocabulaire se rapportant au soccer **Critères** • je peux lire ces mots • je peux expliquer en français les règles du jeu • je peux écrire ces mots sans erreur et aussi écrire un texte	Je veux apprendre: • à jouer en équipe sans me bagarrer ni me disputer, même si on ne gagne pas **Critères** • je vais apprendre à respecter les autres • je vais accepter les erreurs

Pour que le projet fonctionne bien, les élèves ont jugé bon de choisir les règles de vie qui suivent:

RÈGLES DE VIE	
• On ne frappe pas les autres • On ne pousse pas les autres • On participe	• On ne se fâche pas si on ne gagne pas • On ne donne pas de coups de pied • On ne dit pas de mauvais mots

Les élèves forment six groupes selon les besoins et les tâches à assumer. Celles-ci sont d'ordres différents : activités de lecture, de présentations orales, d'écriture, d'arts plastiques, de relations publiques... Ils dressent également la liste des ressources matérielles et humaines.

RESSOURCES MATÉRIELLES	RESSOURCES HUMAINES
1. Des documents sur le soccer	1. Le frère d'Andrew (au besoin, pour l'entraînement)
2. Un ballon de soccer	2. Le papa de Rohan (au besoin, pour la vidéo extérieure)
3. Un uniforme	3. L'éducateur physique (pour l'entraînement au soccer)
4. Des souliers de soccer	4. Le directeur de l'école (aussi pour l'entraînement)
5. Des protège-tibias	5. Le spécialiste en ordinateur (pour taper la lettre d'invitation)
6. Des chaussettes	6. Notre conseillère pédagogique (pour la vidéo intérieure)
7. Un sifflet	
8. Des filets	
9. Le terrain de jeux	

Tout le déroulement du projet s'est effectué selon les objectifs choisis et les règles de vie établies. Il a été ponctué d'échanges, de découvertes, d'apprentissages (cognitifs, grammaticaux, lexicaux, sociaux) et de techniques.

Voici une liste de mots et d'expressions qu'ils ont pu lire, écrire et intégrer dans leurs habitudes langagières.

MOTS APPRIS

Les personnes		Équipement	
1. Les joueurs	6. Les commentateurs	1. Un uniforme	5. Un ballon de soccer
2. Les gardiens de but	7. Les commentatrices	2. Un chandail	6. Des protège-tibias
3. L'entraîneur	8. Les spectateurs	3. Un short	7. Des crampons
4. Les équipes	9. Les spectatrices	4. Des chaussettes	8. Des chaussures
5. Les coéquipiers			

COMMENT BIEN JOUER AU SOCCER ?

1. On se réchauffe	4. On fait des passes	6. On reçoit le ballon	8. On dribble
2. On s'étire les muscles	5. On court	7. On contrôle le ballon	9. On compte des buts
3. On botte le ballon			

À propos de la communication du projet

Elle s'est déroulée en deux volets : d'abord une présentation orale aux parents, puis le match proprement dit.

La première activité s'est tenue dans la classe, où les parents ont été accueillis par les élèves. Deux élèves leur avaient préparé un mot de bienvenue. D'autres ont expliqué (en français) les phases de notre pédagogie et tout notre cheminement pour la réalisation du match de soccer. Les équipes se sont présentées à tour de rôle et chaque élève a fait part aux parents de la tâche dont il était chargé.

Puis, parents et enfants se sont rendus dans la cour de récréation pour jouer le match.

À propos du bilan

Le match s'est déroulé de manière très civilisée. Il n'y a eu ni injure, ni moquerie, ni la moindre velléité d'actes de violence. Les commentaires des parents en sont probants; ils attestent le bon esprit d'équipe qui régnait lors du match. N'est-ce pas étonnant pour des élèves qui se disputent continuellement?

L'expérience s'est avérée enrichissante pour les élèves aussi bien que pour moi. Les acquisitions des élèves sur les plans cognitif et langagier ont eu raison de mes doutes et de mes réticences du début. J'ai même enrichi mon vocabulaire en matière de soccer: maintenant, je sais quand on « botte le ballon », quand on « dribble »... J'ai aussi appris comment se déroule un match de soccer.

Le bilan est à la satisfaction de tous. Mon bilan personnel me permet de croire que la pédagogie du projet collectif peut aider à favoriser chez les personnes le développement de la pensée critique, le jugement, la communication verbale ou non verbale. Elle facilite la mise en place d'un espace propice aux interactions, à la coopération et à la cohésion sociale. À ce titre, je ne peux passer sous silence la participation spontanée et généreuse de l'éducateur physique, du directeur, des parents, de notre conseillère pédagogique et de tous les élèves.

> La pédagogie du projet collectif peut contribuer à un apprentissage authentique et signifiant par ses principes caractéristiques dont l'adhésion libre, les décisions prises dans un esprit de coopération et de respect mutuel, l'interaction constante, l'esprit d'ouverture de l'enseignante. Elle s'est révélée, une fois de plus, un vaste champ de rencontres et de collaboration où chacun arrive souvent à trouver son expression propre en s'engageant selon ses goûts, ses capacités et ses possibilités, à l'édification d'une œuvre collective bienfaisante et utile. Travailler en pédagogie du projet collectif, c'est prendre parti pour l'autonomie, la solidarité et l'espoir; c'est se lancer à la quête de soi dans l'interaction avec les autres.

Quelques commentaires des parents

- Le projet était bien organisé et la présentation, très intéressante. Les élèves ont exprimé leurs idées avec clarté. Toutefois, le match aurait pu durer plus longtemps. Je pense que les enfants l'ont trouvé trop court! Quant à moi, je me suis bien amusé.

- Andrew a été réellement très heureux de participer à l'organisation des équipes. Nous espérons qu'il aura l'occasion de renouveler cette expérience l'année prochaine.

- Arjun a appris des mots de vocabulaire relatif au soccer et aux règles du jeu. Il a aussi appris à faire des passes. Il apprécie le fait que le ballon a passé d'un joueur à l'autre plutôt que d'être monopolisé par une seule personne durant tout le jeu.

- Tous les élèves ont travaillé très fort. Ils ont fait preuve de sens sportif d'abord par la qualité de leur participation, puis par l'esprit d'équipe qu'ils ont manifesté. Finalement, et c'est le plus important, ils ont eu du plaisir.

- Les enfants étaient animés d'un grand enthousiasme et ont joué avec habileté et détermination. J'ai été tout à fait heureuse d'observer leur esprit sportif durant le match et les manières civilisées qu'ils ont manifestées les uns à l'égard des autres.

- Les élèves ont travaillé très fort et dans un bon esprit de coopération. Ils ont appris comment jouer au soccer et comment s'exprimer à l'écrit sur ce sujet. C'était un très bon match pour eux, et surtout, ils ont eu du plaisir sans aucune violence. Bravo !
- Je crois que le projet était une bonne expérience pour les élèves. Ils devraient avoir l'occasion de faire plus d'activités de ce genre. Je suis fière d'eux et contente qu'ils aient eu tant de plaisir.

Texte rédigé par une élève de deuxième année en immersion française

> **Le soccer**
>
> *Le soccer, je l'aime beaucoup. Il y a des joueurs dans le soccer, il y a des gardiens aussi.*
>
> *L'entraîneur est très gentil avec nous quand on joue au soccer. On doit faire les équipes pour jouer. Si on ne fait pas des équipes on va être mélangés. On doit avoir des coéquipiers pour faire un match de soccer. On a besoin des commentateurs ou des commentatrices pour expliquer le jeu à la radio et à la télévision.*
>
> *Il y a des spectateurs qui regardent les amis jouer au soccer. On a besoin aussi d'un uniforme : un chandail, un short, des chaussettes, un ballon de soccer, des protège-tibias, des crampons et des chaussures. La première fois on doit se réchauffer. On doit s'étirer les muscles. On doit botter le ballon. On doit faire des passes. On court. Quand on reçoit le ballon on doit le botter. On contrôle le ballon. On doit dribbler le ballon quand quelqu'un est à droite ou à gauche. On fait des buts. On doit compter les buts. Des fois on perd ou on gagne. J'aime le soccer beaucoup. Je pense que c'est un sport très amusant. Je pense que ça va être bon aussi pour vous. (Leanna)*

Lettre d'invitation rédigée collectivement et retranscrite
par un élève de deuxième année en immersion française

> Mercredi, 3 juin 1998
>
> Bonjour,
>
> Notre classe organise un match de soccer lundi prochain le 15 juin 1998.
>
> On vous invite à venir nous voir jouer. On vous attend d'abord dans notre classe à 9 h 15 du matin (salle 2). Ça va nous faire grand plaisir.
>
> À bientôt
>
> David et Seth
>
> YOUPI !!!

La rencontre parents-élève

Le lien entre l'autoévaluation et la communication aux parents

Pour rendre l'évaluation plus significative, il nous semble normal d'apprendre à l'élève à communiquer ses progrès. L'idée de le faire participer à une rencontre avec son ou ses parents est sans doute une occasion privilégiée pour faire un projet. Ainsi l'élève devient un partenaire de premier plan qui intervient à toutes les phases du processus. Il se sent souvent très fier de le faire.

Notre expérience nous démontre que ce projet peut tout aussi bien se réaliser à la maternelle qu'en sixième année ou dans toute autre classe. La spontanéité des petits est souvent très appréciée lors de ces entrevues parents-élève.

Comme les étapes d'un projet doivent être de courte durée avec les élèves plus jeunes, la consignation du dossier doit tenir compte de ce facteur. Il ne faut pas oublier que les élèves plus jeunes se fatiguent plus vite d'écrire. Par contre, les élèves plus âgés sont plus autonomes et ne sollicitent pas le même genre d'aide lors des différentes étapes du projet. Il suffit de tenir compte de l'âge des élèves pour réussir tout projet.

Avant d'organiser la rencontre, il faut s'assurer que les élèves ont préparé leur portfolio dans lequel ils ont inséré une sélection de leurs travaux. Au préalable, les élèves ont déterminé des critères de sélection. Les travaux doivent représenter autant les points forts que les points faibles, puisque le but est d'apprendre aux élèves à relever des défis visant à les faire progresser. Le portfolio peut inclure aussi des cassettes, des dossiers, le journal, des lectures, des commentaires de l'enseignante, de l'élève et de ses pairs... Les élèves mettent ensuite en ordre les documents qu'ils veulent présenter lors de la rencontre.

Lorsque le portfolio est prêt, l'enseignante et les élèves établissent les grandes lignes de l'ordre du jour. Celui-ci tient compte de ce qu'on veut montrer et des activités qui auront lieu lors de la présentation. Ainsi, si un élève veut montrer une affiche qu'il a faite ou montrer une vidéo, il l'inscrira sur son ordre du jour. Pour rassurer les élèves, on suggère de les faire s'exercer à communiquer le contenu de leur portfolio entre eux avant la vraie présentation. Maintenant que les élèves sont prêts à communiquer le contenu de leur portfolio, il est temps d'organiser la rencontre dans un esprit de pédagogie du projet collectif.

Voici un projet réalisé par des élèves de quatrième année.

Phase I: Le choix du projet

Il s'agit ici d'un projet suggéré par l'enseignante à ses élèves, projet auquel elle leur propose d'adhérer. La discussion se fera de la même façon que pour tout autre projet et il sera tout aussi nécessaire d'obtenir un consensus. On y répondra également aux questions « pourquoi ? », « pour qui ? », « pour quand ? », « comment ? », comme on le fait lors de l'adoption d'un projet que les élèves suggèrent.

L'enseignante, après s'être assurée que tous comprennent bien ce qu'est une rencontre parents-élève, établit avec eux les objectifs et les critères d'apprentissage et de développement personnel et social.

Phase II: L'élaboration du projet

Maintenant, les élèves déterminent le déroulement de la rencontre. Ils établissent les tâches à réaliser, par exemple :

- l'organisation du local ;
- la présentation d'une bande vidéo enregistrée en classe ;

- l'exposition des réalisations en arts plastiques ;
- la préparation de rafraîchissements et d'une petite collation ;
- l'horaire de la rencontre ;
- la rédaction d'une lettre d'invitation aux parents ;
- l'évaluation de la rencontre ;
- la préparation d'une activité pour les parents (par exemple, un atelier en mathématiques).

Les élèves révisent les objectifs et les critères d'apprentissage et de développement personnel et social ciblés à la phase I. Le but est précisé : organiser une rencontre parents-élève afin de communiquer le portfolio aux parents. Ils précisent les besoins reliés au projet. Les élèves choisissent une tâche et se regroupent selon leurs intérêts. Chaque équipe détermine les règles de vie. Il est important de prévoir des périodes d'évaluation afin de réfléchir et de remplir les aide-mémoire et la feuille de route.

Phase III : La réalisation du projet

Au sein de l'équipe, chaque membre détermine sa tâche. On précise l'échéancier. Régulièrement on fait des retours en grand groupe pour savoir où chaque équipe est rendue dans sa tâche. Comme aux phases précédentes, il ne faut pas oublier de préciser avec les élèves les objectifs à atteindre et on s'assure de prendre le temps de s'autoévaluer.

Phase IV : La communication du projet

C'est enfin le moment tant attendu : la communication aux parents. Lors de la rencontre, l'élève partage avec son ou ses parents le contenu de son portfolio. Il est important aussi de se souvenir que l'autoévaluation faite de façon régulière facilite la présentation du portfolio lors de l'entrevue parent-élève car l'élève connaissant bien ses progrès et les défis qu'il a à poursuivre peut en parler plus aisément à son ou à ses parents.

Lors de l'entrevue, l'enseignante s'assure de rencontrer chaque groupe de parent-élève pour faire part de ses commentaires personnels. Il peut arriver que des parents aient besoin de précisions de la part de l'enseignante. Les participants doivent bien connaître leur rôle, d'où l'importance de bien définir les rôles. Il peut y avoir plusieurs rencontres en même temps sans que cela dérange. Selon le cas, la rencontre peut comprendre quatre groupes de parents à la fois (ou moins) et peut durer de 20 à 30 minutes.

C'est à cette phase que les activités prévues se déroulent.

Le bilan

Le plus tôt possible après la rencontre, il est important de faire une réflexion avec les élèves, de se questionner sur le déroulement de la rencontre. Voici des pistes :

- Quels sont nos succès ?
- Qu'est-ce qui aurait pu aller mieux ?

- Notre portfolio était-il complet?
- Quels moyens pourrions-nous prendre pour améliorer une prochaine rencontre?

Il est important de consigner ces commentaires pour un prochain projet.

Quelques commentaires recueillis à la suite des rencontres parents-élève

Commentaires des élèves

- C'est amusant quand il y a deux opinions.
- C'est la première fois que je peux montrer ce que je fais bien!
- J'ai aimé passer du temps tout seul avec ma mère.
- Mes parents me posaient des questions sur des sujets. Ils allaient trop vite!

Commentaires des parents

- Je crois que j'ai appris tout ce qu'elle fait en classe.
- Mon enfant doit acquérir de la confiance en lui.
- Mon enfant a été fier de présenter ses travaux. Cette expérience a été profitable pour tous. Le parent a une meilleure conception du programme et des attentes de l'enseignante. L'enfant peut s'exprimer de lui-même.
- Extrêmement positif! Il est important d'engager les enfants dans le processus d'évaluation. J'ai aimé que l'accent soit mis sur le comment elle apprend plutôt que *sur ce* qu'elle a appris.
- J'ai retiré plus de cette forme d'entrevue que de l'entrevue traditionnelle. Je sens qu'il n'y a plus de secret entre l'élève, l'enseignante et les parents. Cela constitue un bel effort d'équipe et de soutien.
- J'ai remarqué que mon enfant était mal à l'aise devant moi au début de la présentation, surtout dans son expression orale. Par la suite, ma fille m'a parlé de sa classe et me l'a fait visiter et m'en a expliqué chacun des coins; elle manifestait un enthousiasme marqué. J'encourage ses professeurs et mon enfant à continuer leurs efforts.
- Enfin une occasion de voir le travail de mon enfant. Il ne le montre pas beaucoup à la maison.

Quelques suggestions pour que la rencontre se déroule bien

- S'assurer que la lettre d'invitation comprend:
  - le but et les objectifs du projet;
  - une note expliquant la possibilité d'une rencontre individuelle en cas de besoin;
  - les désavantages d'emmener les frères et les sœurs.
- Prévoir des activités pour les frères et les soeurs plus jeunes.
- Informer la direction, dès le départ, de ce projet.

À la suite de ces rencontres, nous avons constaté que les élèves aimaient avoir une place de choix dans cette démarche de communication de leurs progrès scolaires. Ils s'entendent pour vouloir revivre l'expérience, même si elle ne s'est pas déroulée facilement pour certains.

Lors d'une expérience vécue en cinquième année, un élève qui éprouvait de sérieuses difficultés se sentait très anxieux le jour même de l'entrevue. Il était bien conscient de ses faiblesses. Pour le rassurer, l'enseignante lui a rappelé qu'il connaissait bien le contenu de son portfolio et qu'il était prêt à présenter autant ses réussites que ses défis à relever. Lorsque sa mère est entrée dans la classe, il lui a dit tout de suite : «Je le sais que j'ai de la difficulté en lecture et que je lis à un niveau de deuxième année, mais j'ai réussi d'autres choses!» Lors de l'entrevue, sa mère s'est mise à pleurer et a déclaré : «C'est la première fois que j'assiste à une entrevue positive.» Après l'entrevue, l'élève était tellement fier de lui et heureux de son expérience qu'il est revenu saluer son enseignante une heure plus tard! C'était très gratifiant pour l'enseignante et la mère de voir cet élève vivre des succès.

La plupart du temps les élèves sont positifs lorsqu'ils parlent de ce genre d'entrevue. Cela permet aussi aux enseignantes de mieux comprendre ce que les élèves vivent à la maison. Pour nous, ces expériences sont extraordinaires et nous ne pouvons maintenant concevoir une année scolaire sans la participation de nos élèves.

Exemple d'un ordre du jour écrit en collaboration avec les élèves

---

Nom : _____

Rencontre avec mes parents

Mon ordre du jour

Je choisis ce que je veux montrer et j'encercle le nombre indiquant mon choix.

1. Je parle de mon projet et je montre une affiche, un livret, ...
   (ce que je montre) _____

2. Je montre mon dossier-projet.
   J'explique une réussite.
   J'explique ce que je dois améliorer.

3. Je montre un livre que j'aime et j'explique pourquoi je l'aime.
   (titre du livre) _____
   Je lis un texte à mes parents :
   page(s) _____

4. Je montre un de mes écrits :
   une page de journal, un brouillon avec mes corrections
   (ce que je veux montrer) _____

5. Je parle des mots que je trouve faciles ou difficiles à écrire.

6. Je fais une activité de mathématiques avec mes parents :
   (nom de l'activité et page du livre) _____

7. J'explique les affiches de la classe.
   (les règles de vie, les codes, ...) _____

8. Voici une autre chose que je désire faire ou dont j'aimerais parler : _____

   _____

   Commentaires (élève, enseignante ou parents) : _____

   _____

   _____

   _____

   _____

Exemple d'une lettre d'invitation écrite par un élève

Le 1er février

Chers parents,

À l'école Nesbitt, le 4 février dans la salle 37, aura lieu une rencontre de parents comme à la première étape.

La classe de Mme Andrée Rouleau vous invite à discuter du progrès de votre enfant avec l'enseignante et par la même occasion – vous présentera le travail accompli en classe durant la dernière étape.

Merci, en espérant vous voir,

Andrée Rouleau

Yo-an : pour les élèves de Mme Andrée Rouleau

P.S. S.V.P. remplir le coupon-réponse le plus vite possible.

....

Nom de l'élève : _____

❏ *Oui je veux venir.*

❏ *Non je ne viendrai pas.*

Heure disponible :

Heures disponibles le 4 février de : 15 h à 17 h et 18 h à 21 h.

Exemple d'un formulaire pour l'évaluation d'une rencontre parents-élève

Rencontre de parents

Bonjour,

Après avoir vécu une telle expérience, j'aimerais bien que vous remplissiez ce petit questionnaire.

Je vous remercie à l'avance.

À la suite de cette rencontre avec votre enfant, avez-vous été informé au sujet des apprentissages qu'il a faits en classe :

Beaucoup? ❏   Assez? ❏   Peu? ❏   Trop peu? ❏

Qu'auriez-vous aimé apprendre de plus au sujet de votre enfant? _____
_____
_____

Pensez-vous que cette expérience a été profitable à votre enfant? Si oui, en quoi? Sinon, pourquoi? _____
_____
_____

Commentaires généraux _____
_____
_____
_____
_____

Un gros merci pour votre collaboration.

Portée de la pédagogie du projet collectif dans l'école

Nous avons constaté et démontré la portée de la pédagogie du projet collectif sur la vie de la classe, la relation avec les pairs et la relation élève-enseignante. L'expérimentation de cette pédagogie dans une classe produit aussi d'autres effets et comporte des changements de relation à différents paliers :

- avec les autres enseignantes ;
- dans le milieu ;
- avec la direction.

Avec les enseignantes

Comme notre définition de la pédagogie du projet collectif l'indique, un projet doit généralement s'ouvrir à l'extérieur de la classe, sauf s'il s'agit d'un problème de classe à régler. Il y aura donc la plupart du temps des invitations lancées à d'autres classes, aux parents, à la direction...

Ces présentations sont des incitatifs pour les élèves et les enseignantes qui y assistent et soulèveront probablement des commentaires ou des questions.

De la part des élèves :

- Pourquoi ne fait-on pas de projets comme eux ?
- Pouvons-nous préparer quelque chose pour les remercier ?

De la part des enseignantes :

- À quoi ça sert tout ça ?
- Comment réussit-elle à voir son programme ?
- C'est vraiment beaucoup de travail.
- Elle est bonne dans ce genre de projet, mais pas moi.

L'enseignante qui met en pratique la pédagogie du projet collectif suscite l'intérêt de certaines enseignantes et peut devenir un modèle, une aide en jouant le rôle d'initiatrice, d'agente de diffusion et de motivatrice. Elle doit être prête à défendre ses points de vue et même à partager ses incertitudes.

Dans le milieu

Les parents se rendent vite compte que leur enfant qui travaille de cette façon est plus motivé, qu'il pose plus de questions, qu'il demande la permission d'apporter du matériel à l'école, qu'il s'engage plus à fond dans son travail scolaire à la maison, qu'il parle plus aussi de ce qu'il fait en classe.

Les parents sont aussi plus sollicités :

- pour assister à des réalisations de projet ;
- pour prendre part à l'évaluation ;
- pour assister aux entrevues-conférence (élève-enseignante-parents) ;
- pour participer comme personnes-ressources ;
- pour coopérer à la vie de la classe...

Communiquer nos valeurs aux parents prend davantage d'importance. Cela entraîne plusieurs effets positifs sur les plans de la compréhension, de l'entraide et de la complicité. Présenter nos attentes est un moyen qui peut faciliter la collaboration entre nous. Démontrer notre intérêt, notre intention de nous adapter à la réalité d'aujourd'hui permet de se réconforter et de se sécuriser en créant un sentiment d'empathie réciproque.

Décrire aux parents notre projet de développer l'autonomie par une plus grande responsabilisation à l'aide de la pédagogie du projet collectif leur permet de prendre conscience de ce qu'ils pensent au sujet du développement de l'autonomie.

Avec la direction

Il est important, dès le début, de faire preuve de transparence avec la direction. On devra la mettre au courant le plus tôt possible de ce qui se passe dans la classe en l'invitant à la préparation ou à la présentation d'une production. Ainsi, elle sera en mesure de :

- s'ouvrir aux changements pédagogiques de ses enseignantes ;
- s'informer au sujet de cette approche pédagogique ;
- répondre aux questions posées par les parents et les autres enseignantes à propos de cette pédagogie différente pratiquée par une ou des enseignantes de l'école ;
- répondre aux questions des parents au sujet de l'approche pédagogique utilisée par chaque enseignante ;
- dialoguer avec les élèves sur leur vécu en classe.

Tout changement créant de l'insécurité, l'enseignante qui pratique la pédagogie du projet collectif sera sujette aux critiques positives et négatives. À mesure qu'elle prendra de l'assurance, elle sera plus difficile à déstabiliser et pourra réfuter les objections en fournissant des preuves (travaux des élèves, grilles d'autoévaluation, vidéo, commentaires des parents, liens avec les programmes du ministère de l'Éducation).

Au sein de l'école, nous pensons qu'il est important que nos collègues et la direction nous accordent leur soutien. Nous avons besoin de prendre le temps de leur expliquer nos intentions afin d'obtenir graduellement leur collaboration. Bien qu'il ne soit pas facile de rallier tout le monde à nos idées, il demeure pertinent de prendre le temps de discuter de ce qui se vit à l'école, afin de s'entraider et de s'enrichir mutuellement dans notre orientation commune.

Conclusion

Vivre la pédagogie du projet collectif, c'est croire l'élève capable d'évoluer, d'amorcer et de gérer ses apprentissages. Un projet naît lorsque les adultes se mettent à regarder les enfants apprendre.

Stordeur, dans son livre *Enseigner et/ou apprendre,* décrit différents modèles d'apprentissage, dont celui du constructivisme interactif. À l'intérieur de ce modèle, l'élève utilise des habiletés telles que percevoir, rechercher, exprimer, comprendre en vue de résoudre une situation complexe. Cela se fait dans une organisation variée du travail où il retrouve différents matériaux de qualité, en abondance, pour s'aider à apprendre. La pédagogie du projet collectif s'insère bien dans le modèle du constructivisme interactif, puisqu'il véhicule les valeurs que nous prônons dans notre livre, soit l'initiative, la responsabilité, l'autonomie, la créativité, la coopération, la solidarité, la confiance et, par le partage du pouvoir, la flexibilité, l'engagement et la convivialité.

À partir du moment où l'élève, bien guidé, s'engage dans sa démarche, il a besoin d'une pédagogie lui permettant de prévoir les apprentissages à faire, de mettre en œuvre le processus pour développer des compétences, être en mesure d'évaluer ce qui a été fait et réinvestir les acquis dans de nouveaux projets.

> Il s'agit des moments où l'apprenant peut utiliser son savoir pour réaliser des projets concrets, où il peut s'impliquer dans la vie de l'école, pour de vrai, comme acteur social, fier de son savoir-faire et heureux de le partager avec d'autres. C'est dans ce cadre que la pédagogie du projet trouve le mieux sa place, sans risquer de devenir un outil de pouvoir du groupe sur l'individu.
>
> *Stordeur (1996), page 100.*

Le fait de participer au choix du projet aiguise la motivation de l'élève. Conscient des tâches à accomplir et du temps alloué pour les réaliser, il fait preuve d'une meilleure autodiscipline. Ses réalisations alimentent sa curiosité.

L'enseignante n'est pas indifférente à la réussite de ces projets. C'est pour elle l'occasion d'un changement de rôle. D'initiatrice et de dispensatrice de connaissances qu'elle était, elle deviendra guide, facilitatrice, observatrice. Certaines verront dans le partage du pouvoir une forme de laisser-aller, de perte d'autorité, voire de manque de discipline. D'autres diront que la cogestion, la coréflexion et la coévaluation ne sont que des pertes de temps. Au contraire, une prise de pouvoir par l'élève dans un contexte authentique fait toute la différence. Il suffit d'observer les apprentissages que font les élèves.

D'une pédagogie où l'élève avait l'habitude de se laisser porter et l'enseignante de tout contrôler, nous passons à une pédagogie où l'enseignante partage et où l'élève s'engage de plus en plus dans ses apprentissages. Ce n'est pas une mince affaire, mais l'élève ne sera pas seul. Différents intervenants, les parents, les pairs et d'autres enseignantes seront mis à contribution pour l'aider à progresser dans sa démarche d'apprentissage.

Cette pédagogie n'a pas que des avantages, elle a aussi des limites. Cependant, les pas faits dans la direction actuelle ont eu trop d'effets positifs sur notre rôle d'enseignante ainsi que sur l'apprentissage de nos élèves pour retourner en arrière. Des adaptations s'imposent souvent. « C'est une pédagogie qui fait boule de neige ! », nous a dit un jour une enseignante.

C'est lorsque l'enseignante cesse d'enseigner que l'élève commence ses véritables apprentissages. Cette phrase résume à elle seule l'essence de la pédagogie du projet collectif.

Bibliographie

ABRAMI, Philip C. et coll. (1996) – *L'apprentissage coopératif, théories, méthodes, activités*. Montréal. Les Éditions de la Chenelière, 233 pages.

ABRECHT, Roland (1991) – *L'évaluation formative ; Une analyse critique*. Pédagogies en développement, pratiques méthodologiques, Bruxelles, De Boeck, 144 pages.

ALLAL, Linda, Daniel BLAIN et Philippe PERRENOUD (1993) – *Évaluation formative et didactique du français*. Paris, Delachaux et Niestlé, 268 pages.

ALTET, Marguerite (1997) – *Les pédagogies de l'apprentissage*. Paris, Presses universitaires de France, 128 pages.

ANGERS, Pierre et Colette BOUCHARD (1984) – *L'activité éducative ; La mise en œuvre du projet d'intégration*. Montréal, Les Éditions Bellarmin, 130 pages.

ARCHAMBAULT, Jean et Roch CHOUINARD (1996) – *Vers une gestion éducative de la classe*. Boucherville, Gaëtan Morin éditeur, 232 pages.

ARMSTRONG, Thomas (1999) – *Les intelligences multiples dans votre classe*. Montréal, Les Éditions Chenelière/McGraw-Hill, 183 pages.

BARATIER, Dominique (1984) – *Des projets à l'école maternelle*. Lyon, Éditions E. Robert, 100 pages.

BASTIN, Georges et Antoine ROOSEN (1990) – « L'école malade de l'échec », *Pédagogies en développement, pratiques méthodologiques*. Bruxelles, De Boeck, 143 pages.

BORDALLO, Isabelle et Jean-Paul GINESTET (1993) – *Pour une pédagogie du projet*. Paris, Hachette éducation, 191 pages.

BRIEF, Jean-Claude (1995) – *Savoir, penser et agir ; Une réhabilitation du corps*. Montréal , Éditions Logiques, 189 pages.

CAMPBELL, Bruce (1999) – *Les intelligences multiples*. Montréal, Les Éditions Chenelière McGraw-Hill, 159 pages.

CAOUETTE, Charles E. (1997) – *Éduquer. Pour la vie !* Montréal, Les Éditions Écosociété, 171 pages.

CAOUETTE, Charles E. (1992) – *Si on parlait d'éducation ; Pour un nouveau projet de société*. Montréal, VLB éditeur, 262 pages.

CLARKE, Judy, Ron WIDEMAN et Susan EADIE (1992) – *Apprenons ensemble ; L'apprentissage coopératif en groupes restreints*. Montréal, Les Éditions de la Chenelière, 214 pages.

COLOROSO, Barbara (1997) – *Le cadeau de la discipline personnelle*, traduit de l'anglais par Jean Chapdelaine Gagnon. Montréal, Libre Expression, 294 pages.

DE VECCHI, Gérard (1992) – *Aider les élèves à apprendre*. Paris, Hachette Éducation, 221 pages.

DOYON, Cyril et Raynald JUNEAU (1991) – *Faire participer l'élève à l'évaluation de ses apprentissages*. Chomedey-Laval, Beauchemin, 122 pages.

FARR, Roger et Bruce TONE (1998) – *Le portfolio au service de l'apprentissage et de l'évaluation*. Montréal, Chenelière/McGraw-Hill, 193 pages.

FRANCŒUR-BELLAVANCE, Suzanne (1997) – *Le travail en projet ; Une stratégie pédagogique transdisciplinaire*. Longueuil, Intégra, 137 pages.

FUGITT, Eva D. (1984) – *C'est lui qui a commencé le premier ; Activités d'entraînement aux choix, à l'autodiscipline, à la responsabilité et à l'estime de soi*. Québec, Centre d'intégration de la personne, 135 pages.

GARDNER, Howard (1996) – *Les intelligences multiples*. Paris, Éditions Retz, 236 pages.

GORDON, Thomas (1990) – *Comment apprendre l'autodiscipline aux enfants ; Éduquer sans punir*. Montréal, Le Jour éditeur, 254 pages.

GRANGEAT, Michel et Philippe MEIRIEU (1997) – *La métacognition ; Une aide au travail des élèves*. Paris, ESF éditeur, 172 pages.

HOWDEN, Jim et Huguette MARTIN (1997) – *La coopération au fil des jours*. Montréal, Chenelière/McGraw Hill, Montréal, 264 pages.

JASMIN, Danielle (1994) – *Le conseil de coopération*. Montréal, Les Éditions de la Chenelière, 122 pages.

JOHNSON, Loïs V. et Mary A. BANY, (1985) – *Conduite et animation de la classe*. Paris, Bordas, 311 pages.

LAFORTUNE, Louise, Pierre MONGEAU et Richard PALLASCIO (1998) – *Métacognition et compétences réflexives*. Montréal, Éditions Logiques, 482 pages.

MINDER, Michel (1997) – *Champs d'action pédagogique ; Une encyclopédie des domaines de l'éducation*. Perspectives en éducation, Bruxelles, De Boeck, 586 pages.

MINISTÈRE DE L'ÉDUCATION (1997) – *Réaffirmer l'école, prendre le virage du succès*. Gouvernement du Québec, 97-0276, 151 pages.

MINISTÈRE DE L'ÉDUCATION NATIONALE (BELGIQUE) (1982) – *Les projets dans l'action éducative*. Bruxelles, Le Grain, 169 pages.

MORIN, Jocelyne et Jean-Claude BRIEF (1995) – *L'autonomie humaine ; Une victoire sur l'organisme*. Québec, Presses de l'Université du Québec, 214 pages.

PAQUETTE, Claude (1992) – *Pédagogie ouverte et interactive*. Montréal, Québec/Amérique, 282 pages.

PAQUETTE, Claude, George E. HEIN et Patton Michael QUINN (1980) – *Évaluation et pédagogie ouverte*. Victoriaville, Éditions NHP, 201 pages.

PERRENOUD, Philippe (1993) – « Touche pas à mon évaluation », *Mesure et évaluation en éducation*, revue de l'ADMÉE, vol. 16, nos 1-2, printemps-été, p. 123.

REID, J. et coll. (1993) – *Les petits groupes d'apprentissage dans la classe*. Laval, Beauchemin, 111 pages.

REY, Bernard (1998) – *Faire la classe à l'école élémentaire*, coll. Pratiques et enjeux pédagogiques. Paris, ESF éditeur, 127 pages.

SOUCY, Louise (1997) – « Étude du processus de la prise de décision collective chez des jeunes de 7 ans évoluant en pédagogie de projet », mémoire de maîtrise ès arts en éducation, Université du Québec à Montréal, 152 pages.

STORDEUR, Joseph (1996) – *Outils pour enseigner, enseigner et/ou apprendre pour choisir nos pratiques*. Bruxelles, Éditions De Boeck, 112 pages.

Chenelière/Didactique

**POUR PLUS DE RENSEIGNEMENTS OU POUR
COMMANDER, COMMUNIQUEZ AVEC NOTRE
SERVICE À LA CLIENTÈLE AU (514) 273-8055.**

Chenelière/McGraw-Hill
7001, boul. Saint-Laurent
Montréal (Québec)
Canada H2S 3E3
Téléphone : (514) 273-1066
Télécopieur : (514) 276-0324
chene@dlcmcgrawhill.ca